Herrschaft im Mittelalter

Kompaktwissen Geschichte

Herausgegeben von Gerhard Henke-Bockschatz

Herrschaft im Mittelalter

Von Arnold Bühler

Reclam

RECLAMS UNIVERSAL-BIBLIOTHEK Nr. 17072

Gestaltung: Cornelia Feyll, Friedrich Forssman
Gesamtherstellung: Reclam, Ditzingen. Printed in Germany 2013
RECLAM, UNIVERSAL-BIBLIOTHEK und
RECLAMS UNIVERSAL-BIBLIOTHEK sind eingetragene Marken
der Philipp Reclam jun. GmbH & Co. KG, Stuttgart
ISBN 978-3-15-017072-4
www.reclam.de

Inhalt

II Kontroversen

III Quellen

Einleitung

»Herrschaft« klingt altmodisch, so altmodisch wie das Mittelalter selbst. Wir sagen heute lieber »Politik« oder »politisches System« oder »politische Organisation«. Wenn in diesem Buch der Begriff »Herrschaft« vorgezogen wird, dann liegt das an den besonderen Bedingungen der Zeit, die wir Mittelalter nennen.

Moderne Definitionen von Politik gehen zumeist vom Staat (griech. pólis) aus. Einen Staat in festen Grenzen, mit einer für alle zuständigen Regierung und einem für alle geltenden Staatsrecht, gab es im Mittelalter aber nicht. Bedeutet Politik also das »Streben nach Machtanteil oder nach Beeinflussung der Machtverteilung, sei es zwischen Staaten, sei es innerhalb eines Staates zwischen den Menschengruppen, die er umschließt« (Max Weber), dann gab es im Mittelalter keine Politik. Es gab keinen Staat, aber eine Vielzahl von Mächtigen, die Gewalt über Menschen hatten. Einer von ihnen – nicht immer der Mächtigste – war der König, dazu kamen die Fürsten und Bischöfe, aber auch kleinere Herren, Adelige verschiedener Rangstufen. Sie alle übten Herrschaft aus, sie rangen miteinander um Machtanteile und Machtverteilung – ohne Staat. Herrschaft im Mittelalter war pluralistisch mit vielen großen und kleinen Herren nebeneinander, nicht zentralistisch mit einer einzigen Regierungsspitze wie moderne Staaten. (Wenn man einen vorsichtigen Vergleich wagen will, dann kann man an Bund und Länder in Deutschland denken: Neben der Bundesregierung gibt es die Regierungen der Länder, die in einzelnen Bereichen, etwa der Schulpolitik, unabhängig vom Bund regieren.)

Wir müssen im Mittelalter stets mehrere Herrschaftsformen und Herrschaftsrechte zusammendenken, die unabhängig voneinander bestehen und einander durchdringen: Grundherrschaft, Lehenswesen, das Königtum, Kloster- und Kirchenherrschaft, Stadtherrschaft und andere mehr. Allerdings unterscheiden die mittelalterlichen Quellen die Herrschaftsformen nicht immer sauber; für manche gab es nicht einmal einen mittelalterlichen Ausdruck. Die Herrschaften sind über die Jahrhunderte gewachsen, mit großen Unterschieden zwischen den Reichen (in Deutschland zum Teil ganz anders als in England oder Frankreich), und erst moderne Historiker haben versucht, das wild Gewachsene zu erklären und mit klaren Begriffen zu benennen. Niemand hätte im Mittelalter mit Begriffen wie »Grundherrschaft« oder »Lehenswesen« etwas anfangen können. Die Menschen wurden in ihre Herrschaft hineingeboren, übten sie aus oder mussten sie ertragen, eine Sprache fanden sie dafür von Fall zu Fall. Das macht die Welt des Mittelalters für uns so kompliziert – aber auch spannend!

Wenn in diesem Buch von »Mittelalter« die Rede ist (auch diese Bezeichnung stammt natürlich nicht aus dem Mittelalter!), dann ist das Jahrtausend von 500 bis 1500 gemeint. Historiker unterteilen die Epoche weiter in Frühmittelalter (bis etwa 1000), Hochmittelalter (bis etwa 1250) und Spätmittelalter. Auf die herrschenden Dynastien übertragen, gehören die Merowinger, Karolinger und Ottonen in das frühe, die Salier und die Staufer in das hohe Mittelalter; im späten Mittelalter trugen mehrere Fürstenfamilien abwechselnd die Reichskrone, die Habsburger, Luxemburger, Wittelsbacher. Die Habsburger konnten sich am längsten behaupten; das Haus Habsburg regierte bis zum Ende des Alten Reiches 1806, in Österreich-Ungarn sogar bis zum Ende der Monarchie 1918. Von den bedeutenden Herrscherpersönlichkeiten des deutschen Mittelalters begegnen uns in diesem Buch vor allem: Karl der Große (768–814), Otto I. (936–973), Otto III. (983–1002), Heinrich III. (1039–1056), Heinrich IV. (1056–1106), Friedrich I. Barbarossa (1152–1190), Ludwig (IV.) der Bayer (1314–1347) und Karl IV. (1346–1378).

Es kann hier nicht der gesamte Zeitraum von tausend Jahren gleichermaßen ausführlich behandelt werden. Wir beginnen mit den Grundlagen in der Zeit der Karolinger (8./9. Jahrhundert) und konzentrieren uns dann vor allem auf das Hochmittelalter. Im 11. bis 13. Jahrhundert wurden Weichen gestellt, die bis in die Neuzeit, ja zum Teil bis in unsere Gegenwart führen. Denn wenn auch unser Verständnis von Herrschaft nicht mehr das mittelalterliche ist, so haben doch die politischen Systeme im modernen Europa und unser politisches Denken vom Mittelalter gelernt.

I Darstellung

1. Herrschaft über Land und Leute – Herren und Hörige

Das Kloster Lorsch am Rande der hessischen Bergstraße war im hohen Mittelalter eine der bedeutendsten Reichsabteien. Als sie 764 gegründet wurde, im sumpfigen Tal der Weschnitz, in dünn besiedeltem, landwirtschaftlich noch weitgehend unerschlossenem Gebiet, war dies durchaus ein Wagnis, der Erfolg der Gründung keineswegs sicher. Eine Klostergründung erfolgt nicht in einem Federstrich. Sie ist ein mehrstufiges Verfahren; verschiedene Akte folgen aufeinander und greifen ineinander. Am Anfang steht der Wille eines Stifters: Der örtliche Graf Cancor und seine Mutter Williswinth erklärten einen Teil ihres Eigengutes zum »Kloster« und übergaben es ihrem Verwandten, dem Bischof Chrodegang von Metz, »einem in religiösen Dingen sehr erfahrenen Mann«, als Schenkung. In diese Schenkung eingeschlossen waren eine Kirche bei Mannheim, ein Hofgut in Mainz und das Dorf Hahnheim (westlich von Oppenheim am Rhein). Diese Güter gehörten also zur Erstausstattung des Klosters Lorsch, das bislang nur erst dem Namen nach bestand. Die personelle Ausstattung war die Aufgabe des Bischofs: Er entsandte einen Abt mit sechzehn Mönchen aus Gorze in Lothringen, damals schon ein bedeutendes Kloster, nach Lorsch. Den guten Beziehungen Chrodegangs zum Papst war es auch zu verdanken, dass aus Rom die Gebeine des hl. Nazarius erworben werden konnten. Am 11. Juli 765 wurden sie in Lorsch feierlich in Empfang genommen und bald darauf im Altar der neuerbauten Klosterkirche geborgen. Die Klostergründung war nun abgeschlossen.

Das planvolle Ineinandergreifen von materieller (Grundbesitz), personeller (Mönche) und kultischer Ausstattung (Kirche, Altar, Reliquien) hatte im Falle Lorschs zu einer zügigen und auf lange Sicht überaus erfolgreichen Gründung geführt. Allein in den ersten sieben Jahren (765–771) erhielt das Kloster 725 Schenkungen, rund 100 pro Jahr. Im 12. Jahrhundert war der Lorscher Grundbesitz über das ganze Reich gestreut, mit Ausläufern bis an den Niederrhein im Norden und an den Bodensee im Süden.

Grundherrschaft

Hier interessieren nicht so sehr die geistlichen und kulturellen Zusammenhänge, auch wenn es irritieren mag, wie eng in der Welt der Klöster spirituelle Ausstrahlung und wirtschaftlicher Erfolg miteinander verzahnt waren. Für die Zeitgenossen bestand dazwischen kein Widerspruch: Denn ein Kloster konnte nur dann seinen geistlichen Auftrag erfüllen – Fürsorge für die Bedürftigen, Speisung der Armen, Erwerb teurer Bücher für das Studium der heiligen Schriften –, wenn es materiell gut ausgestattet war, also über ausreichend Grundbesitz verfügte. Die gelobte Armut der Mönche verpflichtete den Einzelnen, nicht die Gemeinschaft insgesamt zur Besitzlosigkeit. Der materielle Besitz gehörte dem Heiligen, der in den Reliquien real gegenwärtig war; dem hl. Nazarius in Lorsch, dem hl. Gallus in St. Gallen, dem hl. Bonifatius in Fulda waren die Güter ausdrücklich geschenkt. (Erst im späten 11. Jahrhundert regte sich Kritik am Reichtum der Klöster, als die Mönchsgemeinschaft konsequenter als Abbild der Apostelkirche verstanden wurde und wie diese ohne irdischen Besitz leben sollte.) Der Abt und die Mönche verwalteten den Klosterbesitz lediglich im Auftrag des Heiligen, genauer gesagt: Der Abt war Herr, noch genauer: Herrscher im Namen des Heiligen. Denn was 764/765 in Lorsch entstand und in den folgenden Jahrhunderten zu einem Machtfaktor auswuchs, war eine Grundherrschaft. Landbesitz aber bedeutete im frühen Mittelalter nicht nur Verfügung über

Modell der zweigeteilten Grundherrschaft

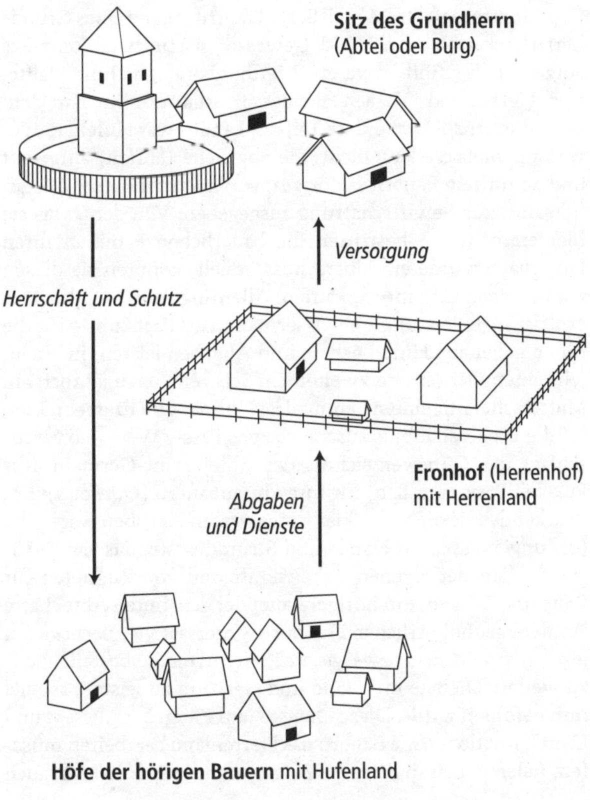

Grund und Boden, sondern stets zugleich Herrschaft über die (unfreien) Menschen, Hörige und Leibeigene, die auf diesem Land lebten. Grundherrschaft war nach einer griffigen Formel »Herrschaft über Land und Leute« (Walter Schlesinger).

Historiker sprechen von der »zweigeteilten (bipartiten) Grundherrschaft« (s. Modell S. 15). Denn das Land eines Grundherrn (Äcker, Wiesen, Wald, Gewässer) war in zwei Komplexe aufgeteilt: Ein Teil, etwa ein Viertel bis maximal die Hälfte, war Herrenland; dessen Erträge flossen unmittelbar dem Grundherrn zu. Der andere Teil des Landes war Hufenland; es war auf mehrere bäuerliche Kleinbetriebe (Hufen) aufgeteilt und an unfreie Bauern (»Hörige«, von *hoeren* ›hörend auf, gehorsam‹) zur Bewirtschaftung ausgegeben. Von dem, was sie hier erarbeiteten, bestritten die bäuerlichen Familien ihren Unterhalt; wurde ein Überschuss erzielt, konnten sie diesen zum eigenen Gewinn verkaufen. Allerdings mussten die Bauern als Gegenleistung – gewissermaßen als Pachtzins – für die ihnen geliehene Hufe Dienste und Abgaben leisten: in einem Jahr einen Ochsen, im zweiten ein Schwein, dazu jährlich ein Mutterschaf mit einem Lamm, drei Hühner und fünfzehn Eier, für die Weideerlaubnis zusätzlich zwei Fässer Wein – so veranschlagt das Güterverzeichnis der Abtei Saint-Germain-des-Prés bei Paris (um 820) für ihre Hufenbauern (*Quelle 1.1*). Bedrückender als die meist klar festgesetzten Abgaben waren die (oft ungemessenen) Hand- und Spanndienste, das Zurverfügungstellen der eigenen Arbeitskraft und von Zugtieren für Pflug und Wagen. Ein höriger Bauer der genannten Abtei hatte auf dem grundherrlichen Hof zur Wintersaat vier *perticae* (zu je 3,5 a), im Frühjahr zwei *perticae* Ackerland zu bestellen, dazu weitere Dienste mit Hand und Gespann zu leisten, »soviel ihm befohlen wird«. Diese Dienste (am Pflug, bei Aussaat und Ernte), mit denen die Bauern das Herrenland bearbeiten mussten, fielen genau in dieselbe Zeit, wenn die Arbeitskraft auch auf dem eigenen Hof dringlich gebraucht wurde. Kein Wunder, dass die Frondienste (Herrendienste, von *frô* ›Herr‹) immer wieder für Unfrieden sorgten, vor allem wenn nach einem schlechten Erntejahr der Grundherr den Druck erhöhte.

Dennoch sind größere Widerstände im frühen Mittelalter nur vereinzelt. Im Gegenteil: Seit der Spätzeit Karls des Großen (nach 800) ist zu beobachten, dass freie Bauern in großer Zahl ihre Freiheit aufgaben und sich der Herrschaft eines Grundherrn anvertrauten. Das Phänomen nahm so sehr überhand, dass sogar der König sich genötigt sah, dagegen einzuschreiten: »Die Freien, die sich dem Dienst für Gott hingeben wollen [d. h. die sich in die Grundherrschaft eines Klosters begeben], sollen dies nicht tun, ohne uns um Erlaubnis gebeten zu haben. Dies verbieten wir deshalb, weil wir gehört haben, dass manche nicht von Frömmigkeit geleitet waren, sondern sich dem Kriegsdienst oder einem anderen Königsdienst entziehen wollten.« So lautete ein Gebot Karls des Großen von 805 (*Quelle 1.2*). Es wurde mehrfach wiederholt, freilich ohne eine nennenswerte Wirkung zu erzielen; zu verlockend war offenbar das Leben als Höriger in einer (vorzugsweise geistlichen) Grundherrschaft.

Freiheit und Unfreiheit

Was dem modernen Betrachter auf den ersten Blick widersinnig erscheint, wird durchaus verständlich, wenn man sich die rechtlichen Konsequenzen von Freiheit und Unfreiheit im Mittelalter bewusst macht. In einer Gesellschaft, die staatliche Gewalt, gar ein staatliches Gewaltmonopol mit einem staatlich garantierten Rechtsschutz des Einzelnen, nicht kennt, ist jeder Freie verpflichtet, für Recht und Schutz selbst zu sorgen. Das ist der eigentliche Sinn der Fehde, das Recht und die Pflicht der Freien zur legitimen Selbsthilfe, notfalls mit Gewalt (ungeachtet des räuberischen Missbrauchs der Fehde, besonders im Spätmittelalter). Die Pflicht zur Rechts- und Friedenswahrung schlossen den Kriegsdienst als vornehmste Pflicht der Freien ein. Die Expansion des Karolingerreiches nach Süden (bis nach Mittelitalien) und nach Osten (bis an Elbe und Donau) führte aber dazu, dass der König an irgendeiner Reichsgrenze ständig im Krieg war und die Bauern während der langen Kriegszüge (die grundsätzlich in den für die Feldarbeit entscheidenden Monaten von März bis Oktober stattfanden) ihre Felder vernachlässigen mussten. Die kleinen Höfe waren in ihrer Existenz gefährdet, ihnen bot der Eintritt in eine Grundherrschaft einen Ausweg, freilich auf Kosten des königlichen Heeres – daher die berechtigte Sorge des Königs, die Freien wollten »sich dem Kriegsdienst oder einem anderen Königsdienst entziehen«. Im Schutz eines Grundherrn, womöglich in der geistlichen Obhut eines mächtigen Klosterheiligen hatte die Masse der kleinen Bauern ein sichereres Auskommen, als wenn sie frei und damit schutzlos für sich selbst sorgen und dazu die Lasten des Krieges tragen mussten. Der Grundherr, Grundbesitzer, Schutz-, Gerichts- und Kirchenherr in einer Person, sorgte für Frieden und Recht innerhalb seiner Grundherrschaft sowie nach außen gegen konkurrierende Herren oder gegen Ansprüche des Königs.

Somit war die Grundherrschaft ein autonomer Rechtsverband. Alle abhängigen Personen, die hörigen Bauern auf ihren Hufen, die Leibeigenen auf dem Herrenhof oder in den Haushalten der Hörigen, waren der Hausgewalt des Grundherrn unterworfen. Das »Haus« (*domus*, davon *dominus* ›der Herr‹) begründete das Ansehen und die Herrschaft des Freien, aber auch die soziale Wertigkeit und das Selbstverständnis derer, die sich bei diesem Herrn unter seinem Hofrecht aufgehoben wussten. Man war Höriger, d.h. auch »Angehöriger«, des hl. Germanus (in Saint-Germain-des-Prés) oder des hl. Nazarius (in Lorsch) oder eines adeligen Herrn, auch wenn man seinen Herrendienst weit entfernt vom Zentrum der Herrschaft verrichtete. Nach der Verwandtschaft bildete der grundherrliche Personenverband (die *familia* des Grundherrn) die soziale Ordnungsgröße, auf die sich die Masse der Unfreien – bei weitem die Mehrheit der frühmittelalterlichen Bevölkerung – ausrichtete und mit der sich der Einzelne identifizierte.

Die rechtliche Situation in der zweigeteilten Grundherrschaft und auch die alltäglichen Lebensumstände wurden dadurch kompliziert, dass der Grundherr ja nicht über ein geschlossenes Territorium innerhalb klar definierter Grenzen herrschte. Die Höfe einer großen Grundherrschaft lagen weit gestreut, bei Lorsch, wie beschrieben, bis an den Niederrhein und in den Bodenseeraum. Die Abtei Saint-Germain-des-Prés gebot über 30 000 ha Land mit rund 10 000 Menschen; diese lebten auf 25 Gütern, die in weitem Umkreis um die Abtei lagen, manche 150 km entfernt (das waren gut sechs Tagesreisen!). Ein solches Gut (*villa* in der Sprache der Quellen), jeweils aus Herren- und Hufenland bestehend, dürfen wir uns wieder nicht als eine geschlossene Ortschaft oder ein Dorf vorstellen. An ein und demselben Ort werden Güter verschiedener Grundherren gelegen haben, so dass sich die herrschaftlichen Zuständigkeiten überschnitten. Ein Dorf an der Bergstraße bestand im 9. oder 10. Jahrhundert vielleicht aus einigen Höfen des Klosters Lorsch, Gütern einer am Ort ansässigen Adelsfamilie und des Königs, der Mainzer Bischof hatte hier eine Kirche mit Landbesitz und womöglich lebten daneben auch noch freie Bauern. Es waren also drei, vier oder fünf Herren, die an einem Ort das Sagen hatten, Herrschaft ausübten und sich entsprechend verständigen oder auseinandersetzen mussten. Wer sich über die scheinbar häufigen Streitigkeiten und Scharmützel wegen Rechtsverletzungen und Ehrenkränkungen wundert, die nur äußerst selten blutig ausgetragen wurden, und den Herren übertriebene Empfindlichkeit unterstellt, der unterschätzt die objektiven Schwierigkeiten der Herrschaft unter den Verkehrs- und Kommunikationsbedingungen der Zeit.

Tatsächlich wissen wir kaum etwas darüber; die Quellen schweigen über Alltäglichkeiten, die für die Zeitgenossen selbstverständlich waren. Sicher ist: Es gab – in weitgehend schriftloser Zeit – nur wenige Besitzaufzeichnungen und es gab keinerlei Kartenmaterial mit Besitzmarkierungen und Grenzverläufen. Die wenigen Güterverzeichnisse, die uns erhalten sind, stammen sämtlich von geistlichen Grundherrschaften (wie den genannten Abteien Lorsch und Saint-Germain-des-Prés); der weltliche Adel war in der Regel nicht schriftkundig. Ein Grundherr konnte also seine gestreuten, örtlich sehr verschiedenen Besitzungen nur dann effektiv verwalten, wenn er auf seinen Gütern jeweils fähige Verwalter hatte, die die lokalen Verhältnisse kannten, und wenn er selbst ständig auf Reisen war, um seine Grundherrschaft Ort für Ort zu inspizieren. Wir kennen die Reiseherrschaft des mittelalterlichen Königs, der auf ständiger Rundreise durch das Reich jeweils am Ort persönlich die Herrschaftsrechte wahrnahm. Grundsätzlich genauso, wenn auch in kleinerem Maßstab, funktionierte die Grundherrschaft: Jeder Herr einer größeren Grundherrschaft musste mobil sein, wenn ihm die Herrschaft, insbesondere an den »Rändern«, nicht entgleiten sollte. Nicht nur der König herrschte buchstäblich vom Sattel aus.

Die Prinzipien und Mechanismen der Grundherrschaft sind grundlegend für das Verständnis mittelalterlicher Herrschaft im Allgemeinen:

Herrschaft im frühen und hohen Mittelalter war stets personal. Der Herr (oder Herrscher) musste persönlich präsent sein, um seine Herrschaft zur Geltung zu bringen. Dies erforderte höchste Mobilität der Herrschenden.

Herrschaft war nicht flächendeckend oder territorial, sondern punktuell auf Orte oder Personen bezogen. Der Grundherr gebot nicht über ein fest umrissenes Gebiet – der König nicht über ein Reich in exakten Grenzen –, sondern über Menschen, die persönlich an ihn gebunden waren. Diese Bindungen umfassten, so individuell verschieden sie waren, von Seiten des Herrn Anspruch auf Dienst und Gehorsam, von Seiten der Abhängigen Anspruch auf Schutz, Haftung und Unterhalt.

Freiheit und Unfreiheit sind rechtliche Qualitäten; sie beschreiben – für uns Heutige schwer verständlich – nur bedingt einen sozialen Status. Ein abhängiger Bauer im Dienste eines mächtigen Herrn war sozial und materiell besser gestellt als ein freier Bauer, der auf seiner eigenen Scholle ein ungeschütztes Dasein fristete.

2. Fürsten und Ritter – Gefolgschaft und Lehen

Die mittelalterlichen Gesellschaften waren Agrargesellschaften. Das gilt grundsätzlich bis ins späte Mittelalter, für die Zeit bis um 1100 gilt es uneingeschränkt. Jeder lebte unmittelbar vom Boden. Auch wer nicht selbst seinen Acker pflügte oder das Vieh weidete, lebte als Grundherr von den Erträgen seines Landes, die geistlichen Herren, Bischöfe und Äbte ebenso wie der weltliche Adel, die Grafen, Herzöge und selbst der König. So gesehen und salopp gesprochen, war der König der größte Bauer im Lande. Agrarische, grundherrschaftliche Strukturen prägten auch die Stadt. Von den wenigen Kaufleuten abgesehen, waren die Stadtbewohner abhängige Bauern. Sie gehörten – gemeinsam mit den Kaufleuten – zur *familia* des Bischofs; vor den Mauern der Stadt bestellten sie ihre Felder, dem Bischof als Grundherrn standen Dienste und Abgaben zu. In rechtlicher Hinsicht ist kein Unterschied zur ländlichen Grundherrschaft zu erkennen. Erst ab dem 12. Jahrhundert entstand ganz allmählich ein selbstbewusstes Bürgertum mit besonderen Rechten, erhielten die großen Städte wie Köln und Straßburg ein urbanes Gepräge, das sie vom Umland abhob. Aber selbst die mächtigen Reichs- und Handelsstädte des Spätmittelalters waren, zumindest in Deutschland, der auf Grundbesitz gestützten feudalen Herrschaft noch nicht wirklich entwachsen.

Herrschaft verpflichtet

Die Bedeutung des Landbesitzes ist mit der Grundherrschaft allein noch nicht vollständig erfasst. Nur der Freie besaß Land. Umfang und Qualität des Besitzes entschieden über Macht und Ansehen des Besitzers, seine Stellung innerhalb der Gesellschaft, den sozialen Rang der Familie. Der Grundbesitz war zwar in der Regel über Generationen gewachsen und vererbt, aber damit eben nicht unveränderlich, sondern abhängig vom persönlichen Geschick der Herren und von allgemeinen wirtschaftlichen und herrschaftlichen Wechselfällen. Jedenfalls war es höchste Adelspflicht, den ererbten Besitz und damit die Herrschaft der Familie zu mehren, zumindest aber zu bewahren. Minderung des Besitzes bedeutete Ehrverlust und Minderung der sozialen Position, auch der objektiven Macht.

Es wäre freilich zu kurz gegriffen, darin nur eigennütziges Macht- und Gewinnstreben zu sehen (das es sicherlich im Mittelalter wie zu allen Zeiten gab). Der adelige Herr steht unter einem sozialen Erfolgs- und Erwartungsdruck, vergleichbar vielleicht dem Erfolgsdruck eines modernen Unternehmers. Doch anders als für diesen hing für den mittelalterlichen Grundherrn vom Erfolg seiner Herrschaft das physische Überleben seiner selbst und seines Hauses ab. Denn der glücklos Herrschende wurde rasch zur Beute seiner Genossen, die demselben Ethos verpflichtet und demselben Erfolgsdruck ausgesetzt waren. Druck bestand ja nicht nur als soziale Konvention unter Gleichgestellten (die bei Misserfolg »nur« den Gesichtsverlust des Versagers bedeutet hätte); Druck entstand auch als Forderung von unten: Die abhängigen (unfreien) Menschen einer Grundherrschaft hatten Anspruch auf »Schutz und Schirm«, auf Wahrung ihres Rechts. Kam ein Herr – aus Unvermögen oder Versäumnis – dieser Herrenpflicht nicht nach, nahm er in Kauf, dass seine Hörigen schutzlos fremdem Zugriff ausgeliefert waren und von einem anderen Herrn vereinnahmt wurden, der sie wirksamer »schützen« konnte. (Die Mechanismen des Herrenrechts im frühen Mittelalter waren den Methoden der Mafia nicht unähnlich.) Über die Sicherung der eigenen Existenz hinaus war die Wahrung des Grundbesitzes also auch eine soziale Verpflichtung. Adel verpflichtet, weil Besitz und Herrschaft verpflichten.

Das eifersüchtige Hüten des Besitzes, das Beharren auf Stand und »Ehre«, das adelsstolze Gebaren war also tief in gesellschaftlichen Konventionen verwurzelt. Die zeitgenössischen Quellen betonen immer wieder, was ein geglücktes adeliges Leben ausmachte (*Quelle 2.1*): Der aufwendige Lebensstil, die prächtige Hofhaltung markierten den sozialen Rang und sollten auch anderen zugutekommen, den Gefolgsleuten in Form von Geschenken, den Bedürftigen in Form von Almosen und geistlichen Stiftungen. »Je mehr er sich bemühte, auszugeben, desto mehr geruhte Gott, ihm zu geben«, so der Verfasser der *Welfengeschichte* über Herzog Welf VI. (1151–1191). Dass der unglücklich verheiratete Herzog auch vieles aus Liebe zu Frauen verschleuderte, die Jagd und teure Hoffeste liebte, wird nicht verschwiegen; es gehörte zur adeligen Freigebigkeit (*largitas*) und schmälerte nicht den gottgefälligen Wandel, solange auch die Abhängigen, Armen und Schwachen vom Reichtum des Herrn profitierten. Aus vollen Händen zu geben, war eine Adelstugend, Geiz eine Todsünde.

Die existenzsichernde, identitätsstiftende, Macht stabilisierende Bedeutung des Landbesitzes brachte es mit sich, dass Vermögensverschiebungen keine Privatsache waren. Nicht nur dass bei Güterveräußerungen die darauf lebende abhängige Bevölkerung, unter Umständen einige hundert oder tausend Hörige, ungefragt mit veräußert wurden, Besitzveränderungen verschoben auch die politischen Gewichte zwischen den Familien. So bedeutende Entscheidungen wie eine Heirat durfte folglich nicht der persönlichen Zuneigung zweier Menschen überlassen sein. Die Ehe war ein Vermögens- und Herrschaftsvertrag zwischen zwei Familien, zwei Adelshäusern, bei königlichen Hochzeiten zwischen zwei Reichen, kein Bund der Liebe. In dem um 1100 entstandenen anonymen Epos *Ruodlieb* ermahnt die adelige Herrin ihren Sohn, worauf er bei der Wahl seiner Gattin zu achten habe: Es müsse eine Frau sein, deren »Verwandtschaft in beiden Linien von der Art ist, dass wiederum eure Nachkommenschaft auf keiner Seite hinkt, und deren Betragen deine Ehre nicht schmälert«; die Eheleute müssen nach Stand und Besitz ebenbürtig sein. Geradezu panisch drängt die Mutter den Sohn zur Ehe: »Erbe, leb wohl, wenn dir kein Sohn geboren wird! Wenn du ohne Kinder stirbst, sag, mein Sohn, was wird dann sein? Um unsere Güter wird es großen Streit geben!« Natürlich kann Ruodlieb seine Braut nicht alleine wählen; der ganze Familienrat tritt zusammen, Verwandte und »Freunde«, d.h. die wichtigsten Repräsentanten und Gefolgsleute der Familie, um für ihren Herrn die richtige Frau zu suchen, die »unser Geschlecht vergoldet mit ihrer Lebensführung und mit ihrem angeborenen Adel«. Adel (*nobilitas*) ist hier durchaus auch materiell zu verstehen: Die Braut soll Macht und Ansehen der Familie mehren.

Allod und Lehen

Das mittelalterliche Recht kennt zwei Formen des Güter- und Landbesitzes. Bisher war vom sogenannten allodialen Besitz die Rede. ›Allod‹ bedeutet den grundherrschaftlichen Besitz, das Eigengut der Familie, das an die Nachkommen vererbt wird. Die andere Form des Besitzes ist das ›Lehen‹. Im Unterschied zum Eigengut wird das Lehen nur auf Zeit verliehen, nämlich auf Lebenszeit des Lehensherrn oder des Lehensmannes (des Vasallen). Beim Tod des Lehensherrn (Herrenfall) oder des Lehensmannes (Mannfall) fällt das Lehen »heim«, d.h. an den Herrn bzw. seinen Erben zurück; dieser kann es demselben Vasallen bzw. dessen Erben oder einem anderen neu verleihen.

Lehen, Lehenswesen, Vasallen gehören gewiss zu den landläufig bekannten Phänomenen des Mittelalters. Meist stellen wir uns unter einem Lehen (lat. *feudum*, davon »feudal«) eine Burg mit einem Stück Land vor, die ein Ritter als Vasall von einem Fürsten, wenn nicht vom König selbst, verliehen bekam. Diese Vorstellung ist nicht völlig falsch, muss aber modifiziert werden. (1) Ritter und Burg gehören ins hohe Mittelalter (12./13. Jahrhundert), noch nicht in die Frühzeit des Lehenswesens. (2) Ein Lehen ist nicht notwendig ein Stück Land; Lehen bedeutet jede Form eines zeitweilig verliehenen Nutzungsrechtes, etwa auch eine Mühle, eine Kirche oder Gerichtsrechte. Dem Lehensmann fallen dann der Mahlzins, der Kirchenzehnt oder die Gerichtsgebühren zu, wie er bei der Landleihe die daraus erwachsenden Erträge und Dienste beansprucht.

Früher gingen Rechtshistoriker davon aus, dass das Lehenswesen seinen Ursprung in der germanischen Gefolgschaft hatte. Inzwischen ist man vorsichtiger geworden, weil wir über Gesellschaft und Recht der Germanen zu wenig wissen. Richtig ist aber, dass das mittelalterliche Lehenswesen eine Weiterentwicklung von älteren Formen der Vasallität war. Diese war seit jeher eine persönliche Rechtsbeziehung zwischen einem Herrn und einem (freien) Mann, die diesen zu Treue und Dienst verpflichtete. »Er übergab sich mit den Händen in die Vasallität, schwor viele Eide ohne Zahl, berührte mit den Händen die Reliquien der Heiligen und gelobte Treue dem König Pippin und seinen Söhnen, wie ein Vasall aufrechten Sinnes und dem Recht ergeben, wie ein Vasall gegen seine Herren sein soll.« So berichten die Annalen, wie der Bayernherzog Tassilo 757 Vasall des karolingischen Königs Pippin wurde. Die etwas umständliche Formulierung nennt alle wichtigen Elemente der Vasallität: den Eid, das Treuegelöbnis, die Geste des »Handgangs« (der Vasall kniet nieder und legt seine wie zum Gebet gefalteten Hände in die Hände des Herrn), die besondere, gleichsam geheiligte Rechtsbindung zwischen Herrn und Vasall.

Im Lehenswesen erhielt die Treubindung seit dem 8. Jahrhundert ein zusätzliches materielles Bindemittel, eben das Lehen, und wurde dadurch intensiviert. Denn die Aufkündigung der Lehensbeziehung hatte jetzt außer dem Huldentzug des Herrn den Verlust des Lehens zur Folge, konnte also die materielle Existenz des Vasallen gefährden. Der Lehenseid verpflichtete den Vasallen zu »Rat und Hilfe« (*consilium et auxilium*). »Hilfe« umfasste vielfältige Dienste von Unterhalt und Versorgung des Herrn, wenn er sein Lehen aufsuchte (hier ist an die Reiseherrschaft zu denken), bis zur bewaffneten Unterstützung in Krieg und Fehde (hier fassen wir den vasallischen Dienst im engeren Sinne). »Rat« bedeutete die Beratung. Dabei hatte nicht nur der Vasall die Pflicht, seinem Herrn mit Rat zur Seite zu stehen; er hatte auch Anspruch auf Gehör, d.h., der Herr musste bei wichtigen Entscheidungen den Rat seiner Vasallen einholen. Der Lehensmann begab sich also keineswegs zu unbedingtem Gehorsam in die Hände des Herrn. Vielmehr begründete der Lehenseid einen Vertrag auf Gegenseitigkeit, der beide Partner band: War das Recht verletzt, von Seiten des Mannes oder des Herrn, erlosch auch die Treupflicht des anderen. Ja, die Lehenspflicht schloss bei Rechtsbruch sogar die Pflicht zum Widerstand ein. Wie oft es tatsächlich dazu kam, dass Vasallen ihrem Herrn die Treue aufkündigten, lässt sich schwer sagen. Es gibt immerhin berühmte Fälle, welche das Widerstandsrecht der Vasallen gegen einen rechtsbrüchigen Herrn eindrucksvoll belegen: Als sich 833 König Ludwig der Fromme, der Sohn Karls des Großen, in den Augen der Fürsten als zur Herrschaft unfähig erwiesen hatte, kündigten sie ihm die Gefolgschaft auf und trugen seinem Sohn Lothar die Herrschaft an. Dies geschah mit dem Segen der Bischöfe, die darin keinen Treubruch sahen. Da der König seine Rechtspflicht zuerst verletzt hatte, verhielten sich die Gefolgsleute getreu dem Recht, indem sie ihn verließen.

Damit sind wir in der Sphäre des Königtums angelangt, die uns noch ausführlich beschäftigen wird. Halten wir bis hierher fest: Grundherrschaft und Vasallität (Lehenswesen) bilden die Grundlagen mittelalterlicher Herrschaft. Theoretisch sind sie klar unterschieden: Grundherrschaft bezeichnet ein Rechtsverhältnis zwischen frei und unfrei; der Grundherr steht an der Spitze eines Personenverbandes von Unfreien. Das Lehnrecht ist eine Rechtsbeziehung zwischen Freien; auch der Vasall ist frei, nur als Freier kann er einen Treueid leisten, der ja eine Selbstverpflichtung darstellt. Die Freiheit des Lehnrechts wird deutlich, wenn Fürsten und Bischöfe Vasallen des Königs sind. Überschneidungen gab es einmal dadurch, dass eine Grundherrschaft als Lehen vergeben werden konnte; die Hörigen hatten dann den Vasallen als temporären Grundherrn, dem sie nun Frondienste und Abgaben schuldeten. Kompliziertere Überschneidungen ergaben sich aus Entwicklungen im Lehnrecht selbst.

Herrschaft durch Dienst

Hier betritt nun der Ritter die Bühne. Wohl keine Figur prägt so sehr unsere Vorstellung vom Mittelalter wie der Ritter, kaum ein Ort gefällt uns als mittelalterliche Kulisse besser als die Burg. Und doch sind beide, der Ritter und seine Burg, erst relativ spät, im 11. und 12. Jahrhundert entstanden. Ihre Anfänge sind nicht ganz leicht zu durchschauen. *»Du nennest ritter; waz ist daz?«*, ließ der Dichter Wolfram von Eschenbach den jungen Parzival fragen (Abb. S. 29). Der Historiker Arno Borst gibt eine wenig schmeichelhafte Antwort:

> »Eine Horde von Draufgängern, die nur Erfolg und Faustrecht anerkannten. Sie paktierten mit Tod und Teufel und überfielen jeden Schwachen. Rücksichtnahme war Feigheit, der tapferste Gegner wurde ohne jede Ritterlichkeit doppelt rabiat niedergehauen. Neben dem Raubkrieg war der Lieblingssport dieser Frischluftfanatiker die Hetzjagd auf Großwild. […] Das Geraubte und Erjagte gab man mit vollen Händen wieder aus; knausern mochten die Schwächlinge,

---

Wolfram von Eschenbach
Der Ritter und Dichter Wolfram von Eschenbach (um 1170–1220) ist mit den Attributen des »gewappneten« Ritters ausgestattet: Panzerkleid (Kettenpanzer, noch nicht der spätmittelalterliche Plattenpanzer), Waffenrock, Topfhelm, Schild und auffällig verziertes Schwert. Die Wappenfigur – zwei silberne Beile –, die den unter der Rüstung unkenntlichen Mann identifiziert, begegnet auf dem Schild, als Helmzier, auf der Lanzenfahne und der Pferdedecke (Kuvertüre). Ein Ritter wie im Bilderbuch? – Die Züricher Bürgerfamilie Manesse ließ zu Beginn des 14. Jahrhunderts die berühmte Lieder- und Bildersammlung anlegen, aus der dieses Bild stammt. Sie zeigt die Idealisierung des Rittertums schon im Mittelalter.

Her wolfran von Eschilbach.
.xlvii.

die selber arbeiteten. Keuschheit und Zucht galten gleichfalls als Geiz; die engen Holztürme wimmelten von unehelichen Kindern, und niemand schämte sich ihrer. Das Leben im Turm spielte sich in lärmendem Gedränge ab. Man saß dicht beieinander auf langen Bänken und griff sich das Fleisch aus der Schüssel mit den Fingern; was übrig blieb, schnappten die Hunde, oder es fiel ins Stroh, das den kalten Boden deckte. Lesen und schreiben konnten die Herren selten. Höchstens ließ sich einer vorlesen von gewaltigen Recken, die waren, wie er sich wünschte, muskelstark, tollkühn, von unerschöpflichem Appetit. Man war eher abergläubisch als fromm; die Frauen wurden wenig geachtet und viel geschlagen« (Arno Borst, *Rittertum*, S. 219 f.).

Gemeint sind hier die frühen französischen Ritter im 10. Jahrhundert. Es war vor allem die Schwäche des Königs und des Hochadels in Frankreich, die solche Typen groß werden ließ. Die angestammten Herrschaften, selbst in Bruderkämpfen zerstritten, hatten sich als unfähig erwiesen, Frieden und Recht im Land herzustellen, eine wirksame Abwehr zu organisieren gegen die Feinde von außen, Normannen und Sarazenen. Sie konnten ungehindert mitten ins Reich vordringen, über die Mündung der Seine bis nach Paris, Dörfer und Klöster niederbrennen und Beute fortschleppen, töten, vergewaltigen. Jahr für Jahr berichten die Chronisten von Gräueltaten und der Ohnmacht der Überfallenen.

Im allgemeinen Chaos bedeutete es viel, wenn ein Haudegen zu Pferd (erst später wird man ihn *ritter* nennen) ein kleines Stück Land verteidigen konnte, einen hölzernen Turm und einen Palisadenzaun errichtete, der bei Gefahr auch den Bauern der Umgebung Schutz bot. Keiner fragte, wer die Schutzherren waren, Grafen aus altem Adel oder frühere Pferdeknechte; was zählte, war die Macht des Stärkeren, die schiere

Gewalt. Die verängstigten Dorfbewohner und Klosterleute schlossen sich den neuen Herren dankbar an, erfuhren aber auch bald, wie die Beschützer zu Bedrückern wurden, die sich ihren Schutz teuer bezahlen ließen, indem sie Dienste und Abgaben erpressten. Die frühen Ritter waren *warlords* in einem rechtsfreien Raum, ohne jede Romantik: Ritterlichkeit war noch nicht erfunden worden.

Auch aus den Grundherrschaften häuften sich um dieselbe Zeit die Klagen der Grundherren: Die Verwalter seien zu eigenmächtig geworden; anstatt die Güter im Sinne der Grundherren treu zu verwalten, wirtschafteten sie für den eigenen Gewinn, führten Schild und Schwert und gingen zur Jagd, »wie es freien Männern ziemt«, als wären sie, die Knechte, ihre eigenen Herren (*Quelle* 2.2). Es waren vor allem die weit gestreuten, wirtschaftlich besonders lukrativen Güter der geistlichen Grundherrschaften, wo die Verwalter sich häufig verselbständigten und Herrenrechte beanspruchten. Die Grundherren waren dagegen machtlos. Dies führte auf längere Sicht zum Umbau, manchmal sogar zur Auflösung gerade der großen Grundherrschaften.

Die selbsternannten Herren forderten König und Adel heraus, weil sie Herrschaft beanspruchten, und sie forderten die Kirche heraus, weil sie den Frieden störten. Die Bischöfe versuchten, durch ständig wiederholte Friedensregeln, den sogenannten »Gottesfrieden«, die Eskalation der Gewalt einzudämmen, indem wenigstens befristete Zeiten der Waffenruhe eingehalten und schutzlose Personen (Kleriker, Mönche, Frauen) überhaupt verschont werden sollten (*Quelle* 2.3). Auf der anderen Seite hatten die neuen Machthaber selbst ein Interesse daran, ihre ungesicherten Herrschaften auf eine legale Basis zu stellen. Denn auch im Mittelalter konnte Herrschaft nicht auf Dauer erhalten, geschweige denn vererbt werden, wenn sie nicht auf Recht gegründet oder doch zumindest durch einen

Vorwand des Rechts gedeckt war. Die Rechtsform, welche Herrschaft legitimieren konnte, war die Vasallität. Die neuen Herren strebten folglich nach Lehen aus Fürstenhand, stellten sich als Vasallen in fürstliche Dienste. Die zuvor gewaltsam beanspruchte Herrschaft wurde dadurch zur verliehenen Herrschaft gegen Dienst. Aus dem auf eigene Faust operierenden Reiterkrieger wurde ein gesellschaftlich geachteter Ritter.

Der Aufstieg der Ritter verlief deshalb so rasant, weil sie dem König flexiblere Möglichkeiten der Herrschaft eröffneten. Tatsächlich waren die fürstlichen Lehen im hohen Mittelalter längst erblich geworden und damit dem Zugriff des Königs als Lehensherrn entzogen. Die Fürsten behandelten ihre Lehen wie allodialen Besitz. Der ritterliche Lehensmann aber, ohne sonstigen Eigenbesitz, war ganz auf das Lehensgut angewiesen und hing mit seiner ganzen Existenz von seinem Herrn ab. Dienst und Treue waren für ihn eine verbindlichere Verpflichtung als für den fürstlichen Vasallen, der neben seinen Lehen über eine umfangreiche allodiale Herrschaft verfügte.

Die Quellen sprechen hier von »Ministerialen«; sie bilden sozusagen das Bindeglied in der Entwicklung von den Hörigen zu den Rittern und sind eine typisch deutsche Besonderheit des 11./12. Jahrhunderts (das französische Rittertum, das sich bereits früher gebildet hatte, kennt keine Ministerialen). Der Ministeriale hatte noch Merkmale der Hörigkeit (Abgaben, Knechtsdienste), war aber eidfähig und hatte ein Lehen (*ministerium*). Die Historiker (nicht die Quellen) nennen diese Form des Lehens »Dienstlehen«, um es vom (freien) Lehen des Adels zu unterscheiden. Hatten wir bisher das Lehnrecht als Bindung zwischen Freien definiert, so sehen wir jetzt, dass mit Ministerialen und Rittern eine neue Schicht aus der Unfreiheit aufgestiegen und lehensfähig geworden ist. Das englische Wort für »Ritter«, *knight* (eigentlich »Knecht«), erinnert noch an die unfreie Herkunft, während andere europäische Sprachen (vgl. etwa frz. *chevalier*, von *cheval* ›Pferd‹) wie der deutsche »Ritter« die Funktion des berittenen Kriegers ausdrücken.

Die überwiegende Zahl der Burgen, die im 12. und 13. Jahrhundert etwa an Rhein und Neckar entstanden und noch heute unsere Phantasien vom Mittelalter beflügeln, waren Ministerialenburgen. Die Burg bedeutete für die Ministerialenfamilie mehr als Unterhalt und Herrschaft; sie war weithin sichtbares Zeichen ihres sozialen Aufstiegs, Stein gewordenes Familienbewusstsein. Es ist daher nicht verwunderlich, dass die Ministerialen und Ritter die ersten waren, die sich nach ihrer (oft einzigen) Burg als Stammsitz benannten: die Herren »von« Annweiler, »von« Bolanden (in der Pfalz), »von« Münzenberg (in der Wetterau). Sie waren Herren durch ihre Burg. Für einen Fürsten wäre der kleinliche Bezug auf einen einzigen Ort merkwürdig; im überschaubaren Kreis der hohen Familien wusste man, wer man war.

Höfische Kultur

Allerdings wäre die Erfolgsgeschichte des Rittertums nicht zu erklären ohne die Rolle der Fürstenhöfe. Denn der alte, fürstliche (edelfreie) Adel und der aufstrebende »niedere« Adel der Ritter waren nicht nur Konkurrenten um soziale und herrschaftliche Positionen; sie fanden auch zueinander in der höfischen Kultur. Die Dichter des 12. Jahrhunderts formten und propagierten das Ideal, das für alle gelten sollte und besonders für die Ritter attraktiv sein musste, wenn sie nach Art des Adels leben wollten. Es waren die tradierten christlich-adeligen Tugenden, die jetzt, durch Literatur und Kunst verfeinert, an den Höfen gefeiert wurden: die *triuwe* (»Treue«, d. h. Loyalität, Kern der vasallitischen Bindung), die *staete* (die Beständigkeit, das beharrliche Festhalten am rechten Weg), als Gegenpol

Der schenke vō Limpurg
·xxvi·

die *mâze* (das maßvolle Handeln, das die Extreme meidet und den unterlegenen Gegner schont), insgesamt das vornehme, höfische Benehmen: *hövescheit* (*courtoisie* ›Höfischkeit‹, daher unsere »Höflichkeit«; vgl. Abb. S. 34). Das gemeinsame Ideal der Hofgesellschaft wurde im Turnier buchstäblich inszeniert. Berühmt war das Mainzer Hoffest von 1184, zu dem sich aus allen Teilen des Reiches und aus dem Ausland die Fürsten mit ihren Rittern versammelten und im ritterlichen Spiel miteinander maßen. Einige zehntausend Teilnehmer sollen es gewesen sein, eine einzige Familie von Rittern. Der Kaiser selbst schwang die Lanze und präsentierte sich als einer von ihnen (*Quelle* 2.4).

Mit Herrschaft hatte dies auf den ersten Blick wenig zu tun. Die neuere Forschung hat jedoch herausgearbeitet, wie sich im Mittelalter in den Ritualen, im gesellschaftlichen Umgang, bei Hoffesten und Turnieren herrschaftliche (heute würden wir sagen: politische) Positionen abbildeten. Die ritterlichen Tugenden und Rituale waren nicht nur »höfliche« Etikette, das Turnier nicht bloß ein sportlicher Zeitvertreib. Ähnlich wie die Gottesfrieden setzte die höfische Kultur Regeln, um die ungebändigte Gewalt des Faustrechts in sozial halbwegs verträg-

---

Ritterdienst ist auch Minnedienst
Der Ritter Schenk von Limburg beugt das Knie vor seiner Herrin, die Hände gefaltet – genau so verneigt sich der Lehensmann vor seinem Herrn. Die Verehrung der Frau in der Minne bedient sich des Rituals des Vasallendienstes. Entsprechend groß ist der Abstand des Liebenden von der höher gestellten, meist verheirateten, ihm jedenfalls unerreichbaren Dame. Sie reicht ihrem Ritter den Helm, wohl zum Aufbruch. Der Pfau und der gerade auffliegende Falke – Symbol des Geliebten – spiegeln den Abschied der Liebenden. – Miniatur aus dem Codex Manesse, Anfang 14. Jh. (vgl. auch Abb. S. 29).

lichere Bahnen zu lenken. Das bedeutet nicht, dass die Ritter jetzt alle Helden oder Softies wurden; ihre Normen waren nicht die Wirklichkeit, ihre Kämpfe brutal wie eh und je. Dennoch: Im Rittertum wurde Herrschaft dem Recht unterworfen und durch Dienst beschränkt. Die Entstehung des Rittertums kann somit als Prozess der sozialen Disziplinierung verstanden werden. Seine Ideale wirken heute altmodisch; in zeitgemäßer Formulierung sind sie aber noch immer Leitlinie für sozialkompetentes Verhalten.

3. Der König, die Fürsten und das Reich

Grundherrschaft und Vasallität bildeten auch die Grundlagen der königlichen Herrschaft. Der König war der größte Grundherr und der oberste Lehensherr im Reich. Aber natürlich ist damit die Stellung des Königs noch nicht vollständig beschrieben. Was das Königtum ausmacht, wird deutlich, wenn man sich anschaut, wie ein König zur Herrschaft erhoben wurde. Wir nehmen als Beispiel die Erhebung Friedrichs I. Barbarossa 1152.

Am 15. Februar 1152 war König Konrad III. gestorben. Knapp drei Wochen später versammelten sich die bedeutendsten Fürsten des Reiches in Frankfurt am Main, um über die Wahl des künftigen Königs zu beraten. Denn es gehöre zu den Besonderheiten des »römischen Reiches«, dass »das Königtum sich nicht nach der Blutsverwandtschaft vererbt, sondern dass die Könige durch Wahl der Fürsten eingesetzt werden«, wie der Geschichtsschreiber Otto von Freising betont. Ihm verdanken wir die ausführlichste Beschreibung dieser Ereignisse (*Quelle 3.1*). Innerhalb von nur drei Tagen (4.–6. März) einigten sich die Fürsten einmütig auf den schwäbischen Herzog Friedrich und leisteten ihm den Treueid. Sie hielten ihn für das Königtum geeignet aufgrund seiner persönlichen Eigenschaften

(»Tatkraft und Tüchtigkeit«), aber mehr noch, weil er mit den beiden mächtigsten, seit Generationen verfeindeten Familien verwandt war, den Staufern und den Welfen. Man erwartete von dem »Kompromisskandidaten«, dass seine Wahl den Familienstreit beenden würde. Sogleich nach der Wahl machte sich der Gewählte mit wenigen Fürsten auf den Weg nach Aachen. Drei Tage dauerte die Reise (man nahm so weit wie möglich den Wasserweg auf dem Main und dem Rhein), und am nächsten Tag, einem Sonntag, wurde Friedrich I. im Aachener Mariendom feierlich zum König gesalbt und gekrönt. Innerhalb einer Woche war der neue König gefunden und inthronisiert, ohne Widerspruch; dafür waren zwei Großereignisse zu organisieren, die Wahl in Frankfurt und die Krönungsfeier in Aachen – das wäre auch unter modernen logistischen Bedingungen eine beachtliche Leistung.

Die Ereignisse im März 1152 zeigen, unabhängig von der Person Friedrichs, grundsätzliche Merkmale und Probleme des mittelalterlichen Königtums. Denn andere Königserhebungen liefen nach demselben Muster ab. Es lohnt sich daher, genauer hinzusehen.

Wahl und Weihe

Sehr wichtig ist dem Chronisten die Einmütigkeit der Wahl. Die Fürsten waren wie »zu einem Leib vereinigt« (*unum corpus*). Wahlen waren zu dieser Zeit immer einmütig; denn nur in der Eintracht offenbarte sich das Wirken des Heiligen Geistes, der durch die Wähler mit einer Stimme sprach. War das dann überhaupt eine echte Wahl? Es war keine Wahl nach unserem Verständnis, keine Abstimmung und Zählung der Einzelstimmen zur Ermittlung einer Mehrheit. Dennoch wurden die Meinungen sondiert und die Kräfte ausgelotet. Die Fürsten waren Rivalen untereinander, viel zu sehr auf ihre Macht und ihren Vorteil aus, als dass sie sich leichten Herzens einem König aus ihren Reihen unterworfen hätten. Das Kräftemessen um das Königtum fand vor der Wahl statt. Andere als der auf Harmonie bedachte Otto von Freising wissen durchaus davon. In den Wochen nach dem Tod des letzten Königs und wohl auch schon davor verhandelten die wichtigsten Fürsten um die Nachfolge. Hier wurde mit Drohungen und Versprechungen, Intrigen und Tricks um Positionen gefeilscht, bis die »Einmütigkeit« gefunden war, die dann beim eigentlichen Wahlakt zum Ausdruck kommen musste. Bei der Wahl verkündete der ranghöchste Wähler, der Erzbischof von Mainz, als Erster den ausgehandelten Kandidaten; die anderen Fürsten schlossen sich ihrem Rang folgend an. Die einstimmige Wahl war damit durchaus das Ergebnis eines Meinungsbildungsprozesses. Wer sich in diesem Prozess – also vor der Wahl – nicht hatte durchsetzen können und sich dem gefundenen Kandidaten nicht anschließen wollte, der blieb der Wahl fern. Dies kam bei Königswahlen nicht selten vor. Der König musste dann versuchen, die abtrünnigen Fürsten nachträglich für sich zu gewinnen. Im schlimmsten Falle erhoben diese einen eigenen »Gegenkönig«.

Eine Abstimmung nach dem Mehrheitsprinzip war schon deshalb nicht möglich, weil der Kreis der Wähler nicht festgelegt war. Selbst Historiker können nicht genau sagen, wer dazu gehörte. In jedem Falle wahlberechtigt waren die geistlichen Fürsten, die Erzbischöfe und Bischöfe, an der Spitze die drei höchsten Reichsfürsten, der Erzbischof von Mainz (der die Wahlversammlung leitete und die erste Stimme hatte), der Erzbischof von Köln (der den König in Aachen krönte) und der von Trier. Wer von den weltlichen Fürsten mitwirkte, entschied sich bei jeder Wahl je nach Interessen und Machtverteilung neu. Insgesamt wird mit 30–50 Fürsten zu rechnen sein, die als Repräsentanten der mächtigsten Familien bei einer Königswahl Gewicht hatten. Erst im 14. Jahrhundert wurde nach einigen Erfahrungen mit missglückten Wahlen der Kreis der Wähler genau bestimmt: Die Goldene Bulle von 1356 nennt nur noch sieben Kurfürsten, deren Stimmen jetzt einzeln gezählt wurden (*Quelle* 3.2).

Ausdruck der besonderen Stellung des Königs im Reich war die Zweigleisigkeit des Erhebungsverfahrens: Wahl (in der Regel in Frankfurt), Salbung und Krönung (in Aachen), also ein weltliches und ein geistliches Verfahren. Bei der Wahl handelten die Fürsten, indem sie einen der Ihren zum Thronkandidaten bestimmten. Noch vor dessen Krönung schworen sie ihm Treue und Gefolgschaft. Der Huldigungseid war vergleichbar mit dem Vasalleneid, den wir schon kennengelernt haben: Die Fürsten versprachen *consilium et auxilium*, »Rat und Hilfe« – »Hoffahrt und Heerfahrt« sagt man auch beim König: Beratung am Hof und Heerfolge. Der Gewählte war aber noch ganz Standesgenosse der Fürsten, lediglich von ihnen besonders ausgezeichnet. Über sie erhoben wurde er erst im zweiten (geistlichen) Verfahren: Durch Salbung und Krönung durch den Erzbischof von Köln erhielt der König eine sakrale Würde wie ein Priester.

Die Königsweihe hatte sehr alte Wurzeln. Schon den (noch nicht christlichen) Königen der Völkerwanderungszeit wurde ein besonderes Königsheil zugeschrieben. Es befähigte die Dynastie zur Herrschaft und sorgte für das Wohl des Volkes, für fruchtbare Felder, ertragreiche Ernten, Erfolg in der Schlacht, Frieden im Reich. War das Heil gestört, hatte der König versagt. In dieser Situation übernahm Pippin 751 als erster Karolinger das Königtum und löste damit die seit 300 Jahren herrschende Dynastie der Merowinger ab. Pippin hatte zwar nicht das ererbte Königsheil, erhielt dafür aber, sozusagen als Ersatz, eine christliche Salbung. Das ursprünglich heidnische Königsheil wurde damit christlich umgeformt; die magische Qualität des Königs blieb erhalten. Vorbild für die christlich-sakrale Idee des Königtums waren die biblischen Könige des Alten Testamentes, Saul, David und Salomon. Auch sie waren gesalbt; wie sie war der mittelalterliche Herrscher fortan zugleich »König und Priester« (*rex et sacerdos*).

Was die Königssalbung bedeutete, wird erst wirklich bewusst, wenn man auf die Sprache der Zeit achtet: Der gesalbte König war *christus* (›der Gesalbte‹), zumindest Christus ähnlich. Anlässlich der Weihe König Konrads II. (1024) redete der Erzbischof von Mainz den zu Krönenden genau so an: »Zur höchsten Weihe bist du aufgestiegen, ein Stellvertreter Christi bist du.« Die Anrede gehörte zur üblichen Formelsprache der Krönungsmesse. Daher erhält auch die scheinbar zufällige

---

Herrschaft im Auftrag Christi
Christus thront als Weltenlenker in himmlischer Sphäre, seine Füße ruhen auf der Erdkugel; er ist umrahmt von den Symbolen der vier Evangelisten (unten der Engel = Matthäus, links der Löwe = Markus, rechts der Stier = Lukas, oben der Adler = Johannes). Der Strahlenkranz, der die Christusfigur umgibt, ist zweigeteilt in einen oberen, himmlischen und einen unteren, irdischen Bogen, mit entsprechender Beschriftung: (oben) CAELVM CAELI D(omi)NO + (unten) TERRA(m) AVTE(m) DED(i) FILIIS HOMINV(m) (»Den Himmel dem Herrn des Himmels, die Erde aber gab ich den Menschenkindern«). In diese Aussage ist das Herrscherpaar, Kaiser Heinrich III. und seine Gemahlin Agnes, eingepasst: Wie Christus im Himmel, so herrschen König und Königin (Kaiser und Kaiserin) in Christi Auftrag auf Erden: PER ME REGNANTES VIVANT / HEINRICUS ET AGNES (»Die durch mich herrschen, sie mögen leben: Heinrich und Agnes«). – Kaiser Heinrich III. (1039–1056) ließ das Goslarer Evangeliar mit diesem Krönungsbild um 1050/51 im Kloster Echternach anfertigen. Heute befindet sich die Handschrift in Uppsala. Zum Bildprogramm vgl. auch die Reichskrone (Abb. S. 76).

PER ME REGNAN
TES. VIVANT
HEINRICUS
ETAGNES.

Episode bei Friedrichs Krönungsfeier ihre Bedeutung: Zugleich mit dem König wurde der Bischof von Münster – mit demselben Namen Friedrich! – geweiht, so dass mit dem König und einem Bischof die beiden Personen gemeinsam gesalbt wurden, die »mit Recht Gesalbte des Herrn (*christi domini*) genannt werden«. Wann immer der König in Texten und Bildern der Zeit in seiner exklusiven sakralen Würde dargestellt werden sollte, wurde er als »Stellvertreter« oder »Abbild Christi« (*vicarius Christi, imago Christi*) bezeichnet, schon lange bevor ein Papst diesen Titel für sich beanspruchte (Abb. S. 41). Als der Papst dann seit dem 11. Jahrhundert seinerseits zum »Stellvertreter Christi« aufzusteigen begann, musste dies zu Konflikten führen, die das Selbstverständnis des Königs im Kern erschütterten. Auch deshalb war es für Friedrich I. wichtig, im Zeremoniell seiner Königserhebung das gleichberechtigte Nebeneinander von König und Bischof ins Licht zu rücken.

Ein Reich ohne Grenzen

Es fällt auf, dass im Krönungsbericht von 1152 ein »deutsches Reich« nirgendwo erwähnt wird. War Friedrich I. nicht »deutscher« König? Tatsächlich gab es im 12. Jahrhundert kein Reich, kein politisches Gebilde namens Deutschland. Wenn das Reich überhaupt näher bezeichnet wurde, dann hieß es (wie bei Otto von Freising) »römisches Reich« oder »Frankenreich«. Auf dem »Thron des Frankenreiches«, d.h. dem Thron im Aachener Dom, der Karl dem Großen zugeschrieben wurde, nahm der neu gekrönte König Platz. Die beiden Reichsbegriffe erinnerten an die Geschichte der großen Herrscher, der antiken römischen Kaiser und der fränkischen Könige, vor allem Karls des Großen, in deren Nachfolge sich die mittelalterlichen Könige sahen. Alle diese Reiche waren aber vergangen, sie bestanden nur noch als Idee. Immerhin verband sich mit der Königswürde die Hoffnung auf die Kaiserkrone, die seit Otto I. (962) mit einer Ausnahme alle »deutschen« Herrscher empfangen hatten. Das Königtum wurde gewissermaßen als Vorstufe zum Kaisertum gesehen und galt daher schon im Vorgriff als »römisch«. Dennoch gilt für das Königtum, was wir im Kleinen für die Grundherrschaft festgestellt haben: Der König herrschte über kein territorial definiertes Gebiet. Zugespitzt ausgedrückt: Er war König der Idee nach; ein reales Reich gab es dazu nur, wenn es ihm gelang, die Idee mit konkreter Herrschaft auszufüllen.

Durch seine sakrale Würde hoch über alle Fürsten erhoben, war der König gewiss mehr, als mit den Vorstellungen von Grundherrschaft und Lehenswesen beschrieben wäre. Dennoch sagt der königliche »Heiligenschein« noch nichts über die politischen Möglichkeiten seiner Herrschaft aus. Wir dürfen den Respekt der Fürsten vor der königlichen Majestät nicht zu hoch veranschlagen: Er endete rasch, sobald sie Macht und »Ehre« des eigenen Hauses beeinträchtigt sahen. Daher war der König wie jeder andere Herr zuerst auf seine eigenen Ressourcen verwiesen. Von Pfalz zu Pfalz, von Stadt zu Stadt zog der König mit seinem Gefolge durch das Reich, das keine Hauptstadt hatte. Die Reise begann unmittelbar nach der Krönungsfeier. Von Aachen zog Friedrich nach Utrecht, Deventer, Köln, Dortmund, Paderborn, Goslar, Merseburg, Erfurt, Regensburg, Augsburg, Ulm, Speyer, Worms, Fulda, Würzburg, Nürnberg, Bamberg, Mainz, Trier, Metz, Colmar, Mühlhausen, Besançon und kam im März 1153 über Basel nach Konstanz. Dies war die Route im ersten Jahr seiner Herrschaft, rund 4000 km (nach heutiger Straßenführung) waren auf dieser Strecke zurückzulegen, an etwa 30 Orten wurde Station gemacht, meist für nur wenige Tage, am längsten in Köln (30. März – 20. April), Würzburg (13.–24. Oktober) und Kon-stanz (4.–28. März).

Natürlich war diese Route mit Bedacht gewählt. Es kam darauf an, dass sich der König am Beginn seiner Herrschaft in den wichtigsten Reichsteilen als Herrscher präsentierte. So wurden genau die Landschaften erfasst, die schon von früheren Herrschern bevorzugt aufgesucht wurden. Die Gegend zwischen Maas und Niederrhein (mit Aachen) sowie das Rhein-Main-Gebiet (um Frankfurt) gehörten seit der Karolingerzeit zu den »Königslandschaften«. Mit den ottonischen Herrschern, die als Herzöge von Sachsen auf den Thron gekommen waren, wurde Sachsen ein Zentrum königlicher Macht, das die Salier gegen den Widerstand des sächsischen Adels behaupten konnten, auch wenn sie – entsprechend ihrer Herkunft – den Schwerpunkt ihres Königtums wieder an den Oberrhein (Speyer) verlegten. Die Staufer schließlich, als Herzöge von Schwaben hier besonders begütert, schlossen den Südwesten des Reiches an die traditionellen Königslandschaften an. Das Itinerar (Reiseweg) im ersten Herrscherjahr Friedrichs I. bildet also nicht nur die herrschaftlichen Zentren dieses Stauferkönigs ab; es ist zugleich charakteristisch für die Situation des hochmittelalterlichen Königtums insgesamt.

Die Itinerare aller deutschen Könige verzeichnen Gegenden, wo die Aufenthalte der Herrscher nach Anzahl und Dauer sich besonders häufen, oder anders formuliert: die von der königlichen Herrschaft intensiver erfasst wurden als andere Landstriche. Es sind die bereits angesprochenen Königslandschaften, ebenjene Gebiete, wo die Herrscherfamilie selbst begütert war oder wo frühere Königsdynastien beheimatet waren – Karolinger, Ottonen, Salier – und die deshalb von den Nachfolgern (freilich nicht immer unumstritten) als Königsgut reklamiert wurden. Diesen Schwerpunkten königlicher Präsenz, die über Jahrhunderte auffällig konstant blieben, entsprechen andere Gegenden, die ebenso langfristig kaum oder niemals einen König gesehen haben, die seiner Herrschaft also weitgehend entzogen waren: der Nordosten des Reiches jenseits der Weser, Westfalen zwischen Niederrhein und Weser, die Länder südlich der Donau, das Dreieck zwischen Straßburg, Basel und dem Bodensee, die Gebiete westlich der Maas.

Diese königsferneren Landschaften waren gewiss ebenfalls besiedelt und es bestand hier kein herrschaftliches Vakuum. Aber es war eben nicht der König, der in diesen Gegenden an erster Stelle das Sagen hatte. Es waren große fürstliche Familien, die hier über mächtige Komplexe von Eigengut verfügten und auf dieser Grundlage selbständige Herrschaften ausgebaut hatten: die Welfen im Ostseeraum und in Bayern, die Babenberger entlang der Donau, die Zähringer im Breisgau, die Grafen von Namur und Hennegau jenseits der Maas und andere mehr. Konrad von Zähringen gründete 1120 Freiburg, der Welfe Heinrich der Löwe 1157 München und 1159 Lübeck, ganz ohne Beteiligung des Königs. Die Fürsten waren hier Herren eigenen Rechts, allein aufgrund ihres Eigenbesitzes. Königliche Rechte und Herrschaftsaufgaben konnten den Fürsten zusätzlich übertragen sein (als Lehen) und ihre allodiale Herrschaft erweitern und festigen; die Welfen, Zähringer und Babenberger waren auch Herzöge des Königs. Entscheidend aber war, dass sie auch ohne königliches Amt über umfangreiche Herrschaften verfügten und folglich unabhängig vom König handeln konnten.

Die Autonomie der Fürsten war die Schwäche des Königs. Es bedurfte stets seiner persönlichen Anwesenheit (*praesentia regis*), damit seine Herrschaft wirksam werden konnte. Deshalb zog der König planmäßig, manchmal auch hektisch durch die Lande je nach den aktuellen Erfordernissen. Er beriet sich mit den Großen der Gegend, entschied Rechtsfälle, die vor Ort an ihn herangetragen wurden, erteilte Privilegien, um lokale Gewalten – Adelsherrschaften, Klöster, Städte – an sich zu binden; immer ging es darum, Loyalitäten zu sichern, ohne die der König nicht handlungsfähig war. Dass er dabei im feierlichen Zeremoniell, etwa bei hohen Kirchenfesten, seine Auftritte wirkungsvoll in Szene setzte, machte das Gewicht seiner persönlichen Präsenz umso deutlicher.

Wie begrenzt der Bewegungsraum des Herrschers tatsächlich war, ist wieder aus dem Itinerar zu erkennen. Auf den ersten Blick beeindruckt zwar die nahezu reichsweite Präsenz des Königs, die durchdachte Streckenführung ‚quer durch das Reich, von der Elbe bis zum Bodensee, von Lüttich bis Wien, von Italien und Burgund ganz abgesehen. Abhängig von den Versorgungsressourcen, lagen die Stationen aber weitgehend fest. Die Königshöfe, mancherorts zu komfortableren Pfalzen ausgebaut, hatten in erster Linie für die Versorgung aufzukommen: Frankfurt, Ingelheim, Kaiserswerth, Dortmund, Goslar. Das Tafelgüterverzeichnis nennt die Leistungen (*servitia*), welche die einzelnen Höfe bei Bedarf zu erbringen hatten (*Quelle* 3.3): In Franken betrug ein Servitium 40 Schweine, 7 Ferkel, 50 Hühner, 5 Kühe, 500 Eier, 10 Gänse, 5 Pfund Pfeffer, 90 Käse, 10 Pfund Wachs, 4 Fuder Wein; der Hof zu Frankfurt etwa hatte drei solche Servitien zu liefern. Die Aufstellung wirft ein Licht auf die noch ganz agrarisch geprägten Wirtschafts- und Herrschaftsverhältnisse. Die Leistungen für den König wurden in Naturalien berechnet und wohl in aller Regel auch so abgeliefert. Der reisende Hof – einige hundert bis zu 1000 Personen und doppelt so viele Pferde – wurde direkt von den Gütern oder doch aus der näheren Umgebung der Güter versorgt, auf denen er Station machte, so dass die Transportwege möglichst kurzgehalten wurden. Nur für die Königshöfe in der Lombardei gibt das Verzeichnis vereinzelt Geldbeträge statt der Naturalposten an. Die Geldwirtschaft war in Italien schon weiter ausgebildet, und so konnte der König (zumindest theoretisch) die Erträge seiner lombardischen Höfe auch dann nutzen, wenn er nicht selbst über die Alpen kam.

Außer den Pfalzen waren die Bischofssitze wichtige Stützpunkte im Itinerar. Insbesondere wo Königsgüter dünner gestreut lagen oder gut ausgebaute Pfalzen fehlten, beanspruchten die Herrscher die Versorgung (Gastung) durch die Bischöfe. Seit dem 12. Jahrhundert gewannen die Städte zunehmend an Bedeutung für den Unterhalt des Hofes. Von einer Gastungspflicht des weltlichen Adels wissen wir nichts.

Herrschaft durch Konsens

Was konnte der König fordern und welche Möglichkeiten hatte er, Rechtsansprüche gegenüber den Fürsten durchzusetzen? Die Grundlage war das Lehnrecht. Auch im Verhältnis von König und Fürsten galt das Prinzip der Gegenseitigkeit: Der Herrscher hatte die Pflicht, den Rat seiner Fürsten einzuholen, und diese hatten Anspruch darauf, gehört zu werden. Insofern war die Pflicht zur Hilfe nicht bedingungslos, sondern basierte auf gemeinsamer Beratung. »Mit dem Rat und der Zustimmung der Fürsten« (*consilio et consensu principum*) wurden alle wichtigen Entscheidungen am Hof getroffen; so verkündeten es die Urkunden des Königs.

Dass dies keine leere Formel war, zeigen die zahlreichen Fälle, in denen die Fürsten dem König tatsächlich ihre Mitarbeit versagten. Im Sommer 1152 erwog Friedrich I. einen Feldzug gegen die Ungarn; »weil er aber aus unbekannten Gründen die Zustimmung der Fürsten dazu nicht erhielt«, musste er sein Vorhaben aufgeben. Von einer ähnlichen Situation berichtet Otto von Freising auch zu 1155: Nach seiner Kaiserkrönung plante Friedrich im Einvernehmen mit dem Papst einen Zug gegen das sizilische Königreich. Trotz intensiver Bemühungen ließen sich die Großen nicht gewinnen, angeblich wegen der unerträglichen Hitze und der erlittenen Verluste im Heer. Ob die Gründe vorgeschoben waren oder nicht, der Kaiser musste einlenken, »nicht ohne Bitterkeit des Herzens«, und in Kauf nehmen, dass er vor dem Papst als vertragsbrüchig dastand.

Das politische Überleben des Herrschers hing davon ab, ob es ihm gelang, zu den maßgeblichen Fürsten des Reiches ein einvernehmliches Verhältnis herzustellen. Dies konnte durch vorsichtiges Austarieren der Interessen geschehen oder durch gezielte Zuwendungen an die Fürsten, auf deren Konsens und Kooperation es ankam. Mit dem Treueid allein, der einmal beschworenen Verpflichtung zu Rat und Hilfe war es jedenfalls nicht getan. Man hat die Herrschaft des mittelalterlichen Königs deshalb als »fortgesetzte Königswahl« bezeichnet. Denn wie bei der Wahl war der Herrscher bei jeder Entscheidung, die die Mitarbeit der Fürsten forderte, auf deren Konsens angewiesen.

Nicht dass es an Bemühungen des Herrschers gefehlt hätte, der fürstlichen Autonomie Grenzen zu setzen. Das sogenannte Brandstiftergesetz von 1186/88 kann als ein solcher Versuch gewertet werden (*Quelle* 3.4): Friedrich Barbarossa verbot allgemein und jedem gleich welchen Standes, bei einer Fehde Feuer zu legen. Fehde wurde selten im ritterlichen Kampf geführt; an der Tagesordnung waren Kleinkriege, in denen Dörfer und Felder niedergebrannt wurden, um die Versorgung des befehdeten Gegners zu vernichten. Der König konnte jedoch nicht so weit gehen, die Fehde grundsätzlich zu untersagen. Das Grundrecht des Adels auf legitime Selbsthilfe war auch für den König unantastbar. Außerdem: Hätte er diese Selbsthilfe ausgeschaltet, hätte der König selbst Friede und Recht für das ganze Reich garantieren müssen; dazu aber fehlten ihm die Machtmittel. Er konnte also allenfalls die verheerendsten Auswüchse der Fehde, unter denen vor allem die Landbevölkerung zu leiden hatte, einzudämmen versuchen. Bemerkenswert sind dann auch die Ausnahmen des Brandverbots: Brandstiftung zur Einnahme von Burgen war ausdrücklich zugestanden, auch wenn dabei Vorburgen, Ställe und vor der Burg liegende Gebäude in Asche gelegt wurden. Wie anders als durch Feuer hätte man eine Burg auch einnehmen können? Hier war den Herren nicht beizukommen, eine weitergehende Beschränkung der Fehde hätte ihr Selbstbewusstsein und Rechtsempfinden so entscheidend verletzt, dass sie von vornherein unrealistisch gewesen wäre.

Die Ausführung des Gesetzes, die Verfolgung und Bestrafung der Brandstifter, oblag den Fürsten. Wer einen Täter deckte oder gar unterstützte, verfiel ebenfalls der Strafe. Allerdings waren Lehensherren, Vasallen oder Blutsverwandte von Brandstiftern nicht zur Verfolgung und Auslieferung verpflichtet, wenn die Täter bei ihnen Zuflucht nahmen. Die Treue zwischen dem Lehensherrn und seinem Mann mit der gegenseitigen Pflicht zu Schutz und Hilfe galt mehr als das Gebot des Königs. Ob es ihm unter diesen Bedingungen gelang, legislative Maßnahmen gegenüber den partikularen Herrschaften seines Reiches durchzusetzen, war deshalb stets ein Kräftespiel mit unsicherem Ausgang.

Der Fall Heinrichs des Löwen

Ein Meister in diesem Spiel war Heinrich der Löwe, Herzog aus dem Geschlecht der Welfen (gest. 1195). Seine Geschichte dient immer wieder als Paradebeispiel für das Verhältnis zwischen König und Fürsten im 12. Jahrhundert. Mit seinen zwei Herzogtümern Bayern und Sachsen war er ein »Übervasall«, der es verstand, seine Herrschaften mit viel Geschick und Rücksichtslosigkeit auszubauen. Er betrieb eine selbständige Außenpolitik, schmiedete Bündnisse mit dem englischen König und dem byzantinischen Kaiser, auch wenn sie den Interessen des Königs zuwiderliefen. Er stellte seine Macht selbstbewusst wie kein anderer Fürst zur Schau, indem er demonstrativ auf seine königliche Abstammung pochte und königliche Symbole aufgriff. Es ist nicht genau zu sagen, wann der Bogen überspannt war. Spätestens in Chiavenna 1176, als der Löwe den Kaiser dadurch brüskierte, dass er dessen Bitte um Waffenhilfe gegen die lombardischen Städte an unerfüllbare Bedingungen knüpfte, wurde die Entfremdung offenbar.

Die Weigerung Heinrichs des Löwen war für Barbarossa gewiss persönlich demütigend, aber rechtlich nicht zu ahnden; der Herzog war von Rechts wegen nicht zur Hilfe verpflichtet. Er hatte jedoch unterschätzt, dass das politische Klima sich zu seinen Ungunsten gewandelt hatte. Der Kaiser schien das selbstherrliche Agieren des Welfen nicht mehr länger hinnehmen zu wollen. Auf dem Hoftag zu Speyer im November 1178, gleich nach seiner Rückkehr aus Italien, reagierte er erstmals auf Klagen sächsischer Fürsten gegen den Herzog, an ihrer Spitze der Erzbischof von Köln.

Neu waren die Anschuldigungen gegen den Löwen nicht; schon früher hatten Fürsten, insbesondere Bischöfe aus Sachsen, ihren Unmut gegen den übermächtigen Herzog zum Ausdruck gebracht. Anders als bisher arbeitete der König jetzt aber nicht mehr auf einen Ausgleich hin, sondern eröffnete ein förmliches Rechtsverfahren gegen Heinrich. Dies zog sich länger als ein Jahr hin, auch weil der Beschuldigte mehrere Ladungen an den Hof missachtete, bis er im Januar 1180 wegen »Widerspenstigkeit« gegen den Lehensherrn (*contumacia*) und »offenkundiger Majestätsverletzung« verurteilt und seiner Herzogtümer und aller Reichslehen enthoben wurde.

Die einzelnen Schritte des Verfahrens sind uns in einer in Gelnhausen ausgestellten Urkunde überliefert (*Quelle* 3.5). Denn hier wurde auf einem glanzvollen Hoftag im April 1180 über die Neuordnung des Herzogtums Sachsen entschieden. Das Aufgebot der Fürsten, die dem Akt beiwohnten, war beeindruckend. Die Gelnhäuser Urkunde nennt namentlich 35 Zeugen; aus allen Teilen des Reiches waren die geistlichen und weltlichen Großen mit ihren Gefolgen angereist. Auch sonst betont die Urkunde das Gewicht der Fürsten im Verfahren gegen den Löwen: Die Fürsten hätten Klage erhoben, sie hätten dem Welfen durch einhelliges Urteil (*per unanimem principum sentenciam*) die Herzogtümer aberkannt; mit dem Rat der Fürsten hätte der Kaiser die Teilung Sachsens vorgenommen, schließlich ein Gutachten der Fürsten über die Rechtmäßigkeit des Vorgangs erbeten und »mit allgemeiner Zustimmung der Fürsten und des ganzen Hofes« den Kölner Erzbischof mit seinem Anteil belehnt.

Mehr als im formelhaften Sprachgebrauch von Urkunden üblich, wurde hier die Rolle der Fürsten hervorgehoben, während der König fast im Hintergrund blieb: Die Fürsten waren die Urteiler, die über einen Standesgenossen zu Gericht saßen; der König hatte die Aufgabe des Richters, der das Urteil der Fürsten verkündete. Die Urkunde spiegelt die tatsächliche Rollenverteilung in diesem Prozess: Denn genaugenommen setzte nicht der König seinen Herzog ab – zumindest wäre dies nur die halbe Wahrheit –, die Fürsten stießen einen der Ihren aus ihrem Kreis. Der Sturz des Löwen aus vermeintlich sicherer Höhe war nur möglich, weil König und Fürsten an demselben Strang zogen und den Herzog politisch und rechtlich isolierten. Nur im Verein mit seinen Fürsten war der König politisch handlungsfähig, dann allerdings mit erheblicher Durchschlagskraft. Freilich gilt auch umgekehrt: Die Fürsten bedurften des Königs, um ihren politischen Willen in bindendes Recht umzusetzen.

Der Fall Heinrichs des Löwen macht es noch einmal deutlich: Der mittelalterliche König war von einer absoluten Herrschaft weit entfernt, mehr Moderator als Monarch. Vorstellungen, wie sie in vielen Schulbüchern in der »Lehenspyramide«

abgebildet werden, wo der Herrscher an der Spitze eines »Lehensstaates« steht, gehen – jedenfalls für das römisch-deutsche Königtum – völlig an der Wirklichkeit vorbei. Das mittelalterliche Reich war vielmehr ein buntes Patchwork aus einer Vielzahl miteinander konkurrierender und kommunizierender, selten wirklich stabiler Herrschaften, auf dem der König wie jeder andere Fürst seine Flicken mühsam zusammenhalten musste.

Herrscherinnen

Gesellschaften, deren Ordnungen auf der physischen Durchsetzung des Rechts beruhen, sind Männergesellschaften. Das gilt selbstverständlich auch für das Mittelalter. Allerdings wäre das Bild der mittelalterlichen Herrschaft unvollständig, würde man den Anteil der Frauen übersehen. Zwar ist es richtig, dass die Frau gegenüber dem Mann allgemein einen minderen Rechtsstatus hatte; in Rechtsgeschäften benötigte sie den Beistand eines Mannes (des Ehemanns, Vaters oder Bruders). Dennoch dürfen wir sie uns nicht als rechtlos oder entmündigt vorstellen. Das gilt, soweit wir sehen, ganz besonders für den Adel: Die Gemahlin des Herrn war »Herrin« im wörtlichen Sinne. (Das deutsche Wort »Frau«, von *frô-we*, ist die weibliche Form von *frô* ›Herr‹.)

Am deutlichsten sprechen die Quellen für die Königin. Die Urkunden nennen sie *consors regni*: »Partnerin im Königtum« oder »Teilhaberin am Reich«. Sie hatte eine eigene Hofhaltung mit einem eigenen Itinerar, weil sie selbständig herrschaftliche Aufgaben wahrnahm und sich nicht nur im Gefolge des Königs aufhielt. Daher führte sie auch ein eigenes Siegel, das exakt dem Thronsiegel des Königs nachgebildet war. Agnes, die Gemahlin Kaiser Heinrichs III. (1039–56), verwaltete wie eine Herzogin (wenn auch ohne diesen Titel) das Herzogtum

Bayern. Beim Tod des Herrschers verwahrte die Königin die Reichsinsignien (Krone, Zepter, Heilige Lanze, Schwert) bis zur Erhebung eines Nachfolgers; sie führte also gewissermaßen die Interimsregierung. Die hervorragende Stellung der Königin im Reich war wie beim König durch die Weihe begründet. Auch die Königin war gesalbt und gekrönt, sie hatte damit Anteil an der sakralen, quasi-priesterlichen Würde des Königs. Das Krönungsbild des Goslarer Evangeliars (um 1050) zeigt, wie Christus die Herrschergewalt auf König und Königin gemeinsam überträgt. Beider Häupter ragen in die himmlische Sphäre, wo Christus thront, als wäre auch die Königin Stellvertreterin Christi (vgl. Abb. S. 41).

Selbständige Herrschaft der Königin war dann gefordert, wenn sie für ihren minderjährigen Sohn oder Enkel die Regentschaft übernehmen musste, wie Theophanu und Adelheid für Otto III. 983–994 und Agnes für Heinrich IV. 1056–65. (Die Königssöhne waren, obwohl noch Kinder, von den Fürsten gewählt worden!) Es fällt auf, dass alle diese Übergänge, in denen Frauen regierten, das Reich nicht nachhaltig erschütterten; krisenhafte Ereignisse häuften sich nicht mehr als zu anderen Zeiten. Es sind auch keine grundsätzlichen Vorbehalte gegen weibliche Herrschaft zu erkennen. Als sich 1062 eine Gruppe von Fürsten gegen Agnes erhob und ihr das Heft buchstäblich aus der Hand nahm, indem sie den elfjährigen Königssohn entführte, war dies ein Putsch gegen ihre Herrschaft, aber nicht dagegen, dass eine Frau auf dem Thron saß. Agnes musste sich dieselben Vorwürfe gefallen lassen, wie sie immer gegen ungeliebte Herrscher erhoben wurden: Sie hatte sich mit den falschen Ratgebern umgeben und wichtige Fürsten übergangen. Einen Unterschied gab es allerdings: Zog die Herrscherin zu sehr einen bestimmten Fürsten ins Vertrauen, wie Agnes den Bischof Heinrich von Augsburg, war sie schnell dem Verdacht einer unerlaubten sexuellen Beziehung ausgesetzt. Die Königin wurde am männlichen Rollenbild des Herrschers gemessen. Deshalb schrieb ein Zeitgenosse bewundernd über Agnes, sie sei »eine Frau mit männlicher Begabung« (*virilis ingenii femina*) gewesen. Wir übersetzen besser: Sie hatte die Gabe zur Herrschaft.

Die berühmten Beispiele, bei denen der biologische Zufall – die Minderjährigkeit des Thronfolgers – dafür sorgte, dass Frauen ihre Herrscherfähigkeit beweisen mussten und dies erfolgreich taten, legen den Schluss nahe: Diese Qualitäten kamen nicht von ungefähr. Die mittelalterliche Fürstin war zur Herrschaft geboren und von Kind auf zur Herrschaft erzogen. Dies gilt nicht nur für das Königtum oder den hohen Adel im allgemeinen, sondern (trotz ungleich schlechterer Überlieferung) für alle herrschaftlichen Milieus. Auch die ritterliche Gemahlin war Burgherrin; sie führte die Burg, während ihr Mann irgendwo fernab seinen Lehenspflichten nachkam, befehligte die Mannschaft, verwaltete die ritterliche Grundherrschaft.

Das »Ritterfräulein«, das auf den Zinnen seiner Burg nach dem Geliebten schmachtet, ansonsten aber süßes Nichtstun pflegt, ist eine Märchenfigur. Sie gehört ins Reich der Mittelalter-Folklore wie im übrigen der »Keuschheitsgürtel«. Als müsste die adelsstolze Fürstin ihre eheliche Treue hinter Schloss und Riegel sichern lassen! Mit der Lebenswirklichkeit und dem Selbstverständnis einer mittelalterlichen Herrin haben solche Gespinste einer kruden (männlichen) Phantasie späterer Jahrhunderte nichts gemein.

4. Die Ordnung der Welt – Kaiser und Päpste

Am Weihnachtstag des Jahres 800 empfing Karl der Große in der Peterskirche in Rom (es war die alte Basilika aus der Zeit des Kaisers Konstantin, noch nicht der barocke Dom) von

Papst Leo III. die Kaiserkrone. Damit gab es nach über drei Jahrhunderten erstmals wieder einen Kaiser in der Hauptstadt des antiken römischen Reiches. Glaubt man dem Berater und Biografen Karls des Großen, Einhard, dann hätte Karl die Kirche nicht betreten, wenn er geahnt hätte, was der Papst mit ihm vorhatte. Wurde der Frankenkönig also mit einem Trick zum Kaisertum überrumpelt?

Die Forschung hat gezeigt, dass Einhard dies sicher nicht gemeint hat. Tatsächlich hatte die römische Krönung eine lange Vorgeschichte. Sie reicht zurück bis zu König Pippin. 751 hatte der Papst mit seinem berühmten Urteil, dass derjenige, der die Macht habe, auch König genannt werden solle (damit zur Sache/*res* der passende Name/*nomen* käme), den Thronwechsel von den Merowingern auf die Karolinger möglich gemacht. 754 gingen Pippin und Papst Stephan II. ein folgenschweres Bündnis ein: Der König versprach dem Papst Hilfe gegen die Langobarden, die damals Rom bedrängten, sowie Schutz für die römische Kirche; im Gegenzug salbte der Papst ihn und seine Söhne, Karl (den Großen) und Karlmann, noch einmal persönlich und verlieh ihnen den Titel *patricius Romanorum* (»Schutzherr der Römer«). Damit war die Verantwortung für die Stadt Rom und die Kirche des hl. Petrus auf den Frankenkönig übertragen. Das Bündnis wurde zusätzlich gefestigt, als Pippin zwei Jahre später (756) die eroberten langobardischen Gebiete in Mittelitalien an den Papst abtrat (sogenannte »Pippinische Schenkung«). Die Herrschaft des Papstes (genauer des hl. Petrus) umfasste Gebiete von der Po-Mündung (mit der alten Kaiserstadt Ravenna) bis Terracina im Süden; es war der Anfang des Kirchenstaates.

Ein neues Kaisertum

Es bestanden also schon geraume Zeit vor Karl dem Großen enge Beziehungen zwischen dem Papst und dem fränkischen Herrscher. Während jedoch Pippin nie selbst in Rom war und persönlich den *patricius*-Titel nicht führte, verstand Karl seine römische Schutzpflicht durchaus als reale Herrschaft über Rom. Dreimal zog er nach Italien, 774, 781 und 787, und besuchte jedesmal zu Ostern, dem höchsten Kirchenfest, die Ewige Stadt, wo er sich mit allen Ehren eines *patricius* empfangen ließ. Zum Weihnachtsbesuch 800, der in der Kaiserkrönung gipfelte, wurde er demonstrativ schon mit kaiserlichem Zeremoniell – und nicht mehr wie ein *patricius* – begrüßt. Wir können davon ausgehen, dass bereits 799 in Paderborn beim Treffen des Papstes Leo III. mit Karl über die Kaiserfrage verhandelt wurde. Der Papst war nach einem Überfall der römischen Adelsopposition, der ihn blenden und verstümmeln sollte, aber offenbar glimpflich verlaufen war, ins Frankenreich geflohen und hatte Karl um Schutz gebeten. Die Kaiserkrone war der Preis, den der Papst für seine sichere Rückführung mit fränkischen Truppen zu zahlen bereit war. Davon dass Karl unbedarft in das Kaisertum hineingestolpert sei, kann also keine Rede sein. Möglicherweise – so die heutige Forschungsmeinung – störte ihn die Form der Kaiserweihe, bei der der Papst eine zu gewichtige Rolle spielte.

Das Kaisertum Karls des Großen bedeutete eine erhebliche Verschiebung der politischen Gewichte im Europa des 8./9. Jahrhunderts. Um dies zu ermessen, müssen wir die Position des Papstes in dieser Zeit richtig einordnen und unzeitgemäße Vorstellungen ablegen. Der Papst war damals noch nicht das Oberhaupt der lateinischen Christenheit. Der oberste Wächter über den Glauben war der Kaiser, und der residierte in Konstantinopel (Byzanz). Wer aber war der Papst? Der Papst war (und ist noch heute) zuallererst Bischof von Rom. Damit hatte er einen gewissen Ehrenvorrang vor anderen Bischöfen; denn er war der Nachfolger des Apostels Petrus, des ersten »römischen« Bischofs, der in Rom den Märtyrertod gestorben war und dessen Gebeine der Überlieferung nach in der Peterskirche ruhen. An diesen Apostel hatte Jesus die Einsetzungsworte gerichtet (Matthäus-Evangelium 16,18): »Du bist Petrus [= der Fels], und auf diesen Felsen will ich meine Kirche bauen.« (Diese Worte stehen in riesigen Lettern an den Wänden des Petersdoms, der wichtigsten Papstkirche.) Damit beanspruchte der Nachfolger und Stellvertreter Petri zwar einen besonderen Ehrenplatz in der Kirche, aber er hatte keine höhere Gewalt oder mehr Rechte als die anderen Bischöfe. Zweitens war der Papst ein Amtsträger des byzantinischen Kaisers; dieser prüfte die Rechtgläubigkeit jedes neu gewählten Petrus-Nachfolgers und entschied somit über dessen Einsetzung. Denn der Papst verwaltete im kaiserlichen Auftrag den römischen Dukat, d. h. die Stadt Rom und die dazugehörigen Gebiete. Der Kaiser in Konstantinopel war also der »natürliche« Schutzherr des römischen Papstes.

Vor diesem Hintergrund müssen wir die Bedeutung des fränkischen Kaisertums verstehen. Der byzantinische Herrscher war nicht in der Lage, die westlichen Teile seines Reiches wirksam zu schützen. Tatsächlich reichte der Einfluss von Byzanz nur noch bis Süditalien und im Norden auf Gebiete in Venetien und Istrien; Ober- und Mittelitalien einschließlich Roms waren von den Langobarden eingenommen, der Papst sozusagen von Byzanz abgeschnitten. In dieser Situation wandte sich der römische Bischof an die einzige Schutzmacht, die den Langobarden gewachsen war: das Frankenreich. So trafen sich die beiderseitigen Interessen: Der Papst brauchte dringend Hilfe, wollte sich aus der ineffektiven Abhängigkeit von Byzanz lösen; der Frankenkönig, Herrscher eines Vielvölkerreiches, verlangte nach einer Würde, die seiner Stellung angemessen war. Es entstand ein neues »römisches« Kaisertum, das weder ein Römer noch ein Byzantiner innehatte und das von einem Papst verliehen war – ein welthistorisches Unikum, über das man in Byzanz nur den Kopf schütteln konnte: »Der Papst krönte Karl zum Kaiser der Römer, indem er ihn von Kopf bis Fuß mit Öl salbte«, bemerkte der byzantinische Geschichtsschreiber Theophanes – das sollte heißen: Karl wurde wie ein Sterbender auf dem Totenbett gesalbt! Eine geistliche Salbung zum Kaiser kannte man in Byzanz nicht.

Allerdings konnte in Konstantinopel bei aller Häme nicht übersehen werden, dass der westliche Kaiser einen entscheidenden Vorsprung doch hatte: Im Gegensatz zum Byzantiner herrschte Karl der Große tatsächlich in der Hauptstadt des römischen Reiches. Es fällt auf, dass seit Karls Krönung der Herrscher von Byzanz, bisher einfach »Kaiser«, sich ausdrücklich »Kaiser der Römer« (*basileus Romaion*) nannte, während Karl im Osten schlicht als *imperator*, »Kaiser«, ohne römisches Attribut galt. Der ideelle Anspruch auf das gesamte römische Reich sollte keineswegs aufgegeben werden. Die Spannung zwischen den beiden »römischen« Kaisern in Ost und West – die Historiker sprechen vom »Zweikaiserproblem« – war im Laufe des Mittelalters nicht ständig aktuell, hat aber das politische Klima zwischen den beiden Mächten doch immer wieder belastet.

Mit der päpstlichen Krönung im Jahre 800 war ein neues Modell von Kaisertum entstanden, das fortan Schule machte. Die wechselseitige Abhängigkeit zwischen Papst und Kaiser war für die Geschichte der europäischen Reiche Hypothek und Motor zugleich. Papst und Kaiser waren wie Siamesische Zwillinge miteinander verwachsen: Der Papst brauchte die westliche Schutzmacht, um sich gegen lokale Machthaber vor und in Rom zu behaupten, die Langobarden, den römischen Stadtadel, später die Normannen; der fränkische, später der deutsche Herrscher brauchte den Papst, um Kaiser zu werden. Jeder der beiden war damit beschäftigt, seinen Spielraum gegenüber dem anderen zu definieren, um sich trotz objektiver Abhängigkeit nicht zu sehr von seinem Gegenüber einengen zu lassen.

Der Papst – ein Bischof des Kaisers?

In den ersten zwei Jahrhunderten waren es eindeutig die Kaiser, die sich mit der Herrschaft Roms als Herren der Christenheit für das gesamte römische Reich verantwortlich sahen. Schon Karl der Große knüpfte an die Tradition des antiken Kaisertums an, das ja mit der Taufe Konstantins um 312 ein christliches Kaisertum geworden war, indem er als »neuer Konstantin« kirchliche Konzile einberief und leitete. Otto I. hielt sich seit seiner Kaiserkrönung 962 fast nur noch in Italien auf, und sein Enkel Otto III. betonte den römischen Anspruch so deutlich wie kein anderer Kaiser: Auf dem Palatin in Rom ließ er eine Kaiserpfalz errichten, wo er residieren wollte; wie zur Zeit der antiken Caesaren sollte Rom wieder die Hauptstadt des Reiches werden, denn: »Rom ist das Haupt der Welt und die römische Kirche ist die Mutter aller Kirchen«, so ließ der Kaiser anlässlich einer Schenkung an den hl. Petrus 1001 feierlich verkünden, aber »Gleichgültigkeit und Unverstand der Päpste« hätten ihren Glanz zu lange verdunkelt.

Die Idee der »Erneuerung des römischen Reiches« (*renovatio imperii Romanorum*) war zu großartig, als dass sie sich realisieren ließe. Vielmehr mussten schon die Ottonen die Erfahrung aller mittelalterlichen Kaiser machen: Sobald ein Herrscher versuchte, seine Kaiserwürde mit handfesten Herrschaftsansprüchen auf die Stadt zu verbinden, machte er sich bei den Römern unbeliebt. Kein Kaiser aus dem Norden herrschte je längerfristig über das ganze Rom, er wurde zwischen den Parteiinteressen des Stadtadels zerrieben, mehr als einmal musste ein Kaiser die Stadt fluchtartig räumen.

Erfolgreicher waren die ottonischen Herrscher in der Kirchenherrschaft. Nach dem Brauch der antiken und der byzantinischen Kaiser entschieden sie wie selbstverständlich über die Einsetzung der Bischöfe, auch des Bischofs von Rom. Otto I. ließ 963 Papst Johannes XII. (der ihn im Jahr zuvor gekrönt hatte) absetzen und Leo VIII. zum Papst erheben. Otto III. hob 996 seinen Verwandten Brun (Gregor V.), 999 seinen Lehrer und Vertrauten Gerbert (Silvester II.) auf den Papstthron. Spektakulär war das energische Durchgreifen Heinrichs III. 1046: Drei Päpste, Gregor VI., Silvester III. und Benedikt IX., alle drei unrechtmäßig erhoben, mussten gehen und dem von Heinrich aus Deutschland mitgebrachten Bischof Suidger von Bamberg Platz machen, der als Clemens II. den Stuhl Petri bestieg. Von ihm empfingen Heinrich und die Königin Agnes sodann die Kaiserkrone. Das Beispiel Heinrichs III. zeigt, dass mancher deutsche König schon vor der Kaiserkrönung in die römische Kirche eingriff, indem er über das Papsttum wie über ein Reichsbistum verfügte.

Es ist wichtig, sich die heute fremden Zuständigkeiten und Abhängigkeiten bewusst zu machen, um die weiteren Entwicklungen zu verstehen. Bis zur Mitte des 11. Jahrhunderts war der Papst Bischof von Rom und gleichzeitig der Statthalter des Kaisers in Rom (auch wenn er diese Funktion selten im Sinne des Kaisers ausfüllen konnte oder wollte). Die Kaiserkrönung vollzog der Papst aufgrund seiner geistlichen Autorität als Petrus-Nachfolger; weitergehende Kompetenzen, gar herrschaftliche Vorrechte gegenüber dem König und Kaiser folgten daraus nicht. Der Kaiser war der Herr der Christenheit. In seinem Selbstverständnis flossen die christusgleiche, priesterliche Würde des gesalbten Königs und die römisch-byzantinische Tradition des Kaisertums ineinander.

Bischöfe tragen die Herrschaft des Königs

Entsprechend diesem Selbstverständnis haben die Kaiser und Könige die Bischöfe als ihre Herrschaftsträger betrachtet und benutzt. Tatsächlich waren den Bischöfen schon in der spätantiken Kirche Herrschafts- und Verwaltungsaufgaben zugefallen. Im Niedergang des römischen Reiches, der Auflösung der politischen Strukturen waren die Bischöfe mancherorts die einzigen, die in den Provinzen die öffentliche Ordnung noch einigermaßen aufrechterhielten, indem sie etwa die für die Städte lebenswichtige Getreideversorgung organisierten. Manche fromme Legende, wie z.B. vom großmütigen hl. Nikolaus, Bischof der Stadt Myra in Kleinasien, hatte hier ihren wahren Kern. Die Herrscher der neuen Reiche, die im 5. und 6. Jahrhundert in Süd- und Westeuropa allmählich Fuß fassten, die Ostgoten in Italien, die Westgoten in Spanien, die Franken in Gallien und Germanien, waren vollends auf die schriftkundigen Geistlichen angewiesen, um die Reste der römischen Zivilisation und Staatlichkeit zu nutzen. Die Kirche, Hüterin einer Buch- und Schriftreligion, hatte die lateinische Schriftkultur für die Barbarenvölker bewahrt. Auf dieses Knowhow konnten die neuen Herrscher nicht verzichten. Sie alle gingen – manchmal im wörtlichen Sinne – bei Mönchen und Priestern in die Schule; sie alle umgaben sich mit tüchtigen Bischöfen, deren Rat und Dienste sie in Anspruch nahmen.

Karl der Große versammelte geradezu systematisch geistliche Berater aus allen Teilen des Reiches an seinem Hof, so dass man (etwas hochtrabend) von einer »Hofakademie« gesprochen hat: Die Bischöfe Theodulf von Orléans, Angilram von

Metz, Hildebald von Köln, Arn von Salzburg, die Äbte Hilduin von Saint-Denis und Alkuin von St. Martin in Tours waren führende Köpfe in diesem königlichen *think tank*. Diesen Männern verhalf nicht das Amt zu Einfluss, sondern ihre Gelehrsamkeit verschaffte ihnen die Nähe zum Herrscher und erst dann den Bischofs- oder Abtsstab.

Die Verbindung zwischen weltlicher Herrschaft und Kirche war also bereits in der Spätantike und noch mehr in den frühmittelalterlichen Reichen eng geknüpft. Da die merowingischen und karolingischen Könige sich die administrativen und herrschaftlichen Fähigkeiten der Bischöfe zunutze machten, förderten sie gezielt die Verbreitung des Christentums (Missionierung) und der kirchlichen Organisation in ihren Reichen. Dass Europa christlich wurde, war damit weniger dem bewussten religiösen Bekenntnis der Herrschenden zuzuschreiben als der Leistung des kirchlichen Personals, dem die Herrschenden vertrauten.

Das Zusammenwirken von Königtum und Kirche wurde in der Folgezeit weiter ausgebaut. Die ottonischen Könige und Kaiser bestimmten praktisch eigenmächtig über die Besetzung der Bistümer in ihrem Reich. Aus der Hand des Königs empfing der Bischof die Insignien seines Amtes, Ring und Stab. Damit wurde er nicht nur in sein Kirchenamt und die dazugehörige Grundherrschaft eingesetzt (»investiert«), er wurde auch wie ein Graf oder Herzog mit königlichen Herrschaftsrechten (Regalien) ausgestattet. Als Prototyp des ottonischen Reichsbischofs gilt Brun von Köln: Der Bruder Ottos I. war Erzbischof von Köln und zugleich Herzog von Lothringen. Damit war er über die kirchenherrschaftlichen Aufgaben hinaus, die ein Bischof mit seiner Kirche ohnehin übertragen bekam, mit »echter« fürstlicher Gewalt betraut: Rechtsprechung, Friedenswahrung, Fehde und Heeresaufgebot im Auftrag des Königs. Von einigen Bischöfen wissen wir, dass sie persönlich hoch zu Ross in den Kampf zogen, wie der »heilige« Ulrich von Augsburg, als er 955 seine Stadt gegen die Ungarn verteidigte.

Ein Bischof war im 10. und 11. Jahrhundert in erster Linie Gefolgsmann des Königs und erst nachrangig Verwalter seines geistlichen Amtes, Priester und Seelsorger. Dies zeigte sich deutlich in den Qualifikationsmerkmalen, die einen Bischofskandidaten auszeichneten. Wir nehmen als Beispiel Benno II. von Osnabrück, ein nicht allzu bedeutender, daher typischer Bischof in der Zeit Heinrichs IV. Bevor Benno 1068 Bischof in Osnabrück wurde, war er Lehrer an der Domschule in Speyer und an der Pfalzkirche in Goslar, danach Leiter der Hildesheimer Domschule; gleichzeitig war er Verwalter des königlichen Hofes in Goslar und später neben seiner Goslarer Funktion *vicedominus* des Kölner Erzbischofs, d.h. Beauftragter für die weltlichen Geschäfte des Erzbistums.

Mehr als die einzelnen Stationen – Speyer, Goslar, Hildesheim, Köln – verraten die Tätigkeiten, die Benno dort ausfüllte: Gerühmt werden seine Fähigkeiten in der Güterverwaltung und der Landwirtschaft, seine Kenntnisse im Finanzwesen, die er beim Eintreiben von grundherrlichen Zinsen rigoros einzusetzen verstand, sein Genie als Baumeister, vor allem im Burgenbau, wie er in Sachsen vielfach bewies, aber auch im Kirchenbau in Hildesheim und später in Speyer, wo er in den 1080er Jahren den Dombau leitete. Von speziell geistlichen oder im engeren Sinne kirchlichen Tätigkeiten erfahren wir nichts. Seine Vita, die schließlich, kurz nach seinem Tod verfasst, die Lebensleistung des Bischofs im besten Licht erscheinen lassen möchte, vermerkt hier keinen Mangel, im Gegenteil: Wer sich zum Bischof qualifizieren wollte, der musste über »Macher«-Qualitäten verfügen. Gefragt waren Managertypen, Organisationstalente; fromme Betbrüder brauchte der König nicht.

Die Auswahl der Bischofskandidaten überließ der König deshalb nicht dem Zufall. Seine Wunschkandidaten bewegten sich schon lange vor ihrer Ernennung im Dunstkreis des Hofes. In Bennos Karriere fällt auf, dass er seit 1048 trotz wechselnder Tätigkeiten in Hildesheim und Köln ständig Kontakt zur Königspfalz in Goslar hielt und hier zwanzig Jahre lang im Dienst des Königs tätig war. Er war Hofkaplan, Angehöriger der Hofkapelle. Die Hofkapelle ist ein Kreis von Klerikern verschiedener Bischofskirchen, die neben ihren Funktionen in den Bistümern sozusagen auf Abruf zugleich dem König zu Diensten standen. Man stellt sich die Hofkapelle am besten als Netzwerk zwischen Königshof und Bischofskirchen vor, modern gesprochen: als mobile Kaderschmiede für künftige Bischöfe. Denn alle Reichsbischöfe kamen in dieser Zeit aus der Hofkapelle; sie waren erfahren im Königsdienst und mit den Mechanismen der Herrschaft bestens vertraut.

Durch die Hofkapelle waren die Bischöfe der Ottonen- und Salierzeit systematisch in die Herrschaft des Reiches eingebunden, so dass dafür der Begriff »ottonisch-salische Reichskirche« üblich wurde. Die Bezeichnung ist irreführend, weil sie zu sehr an moderne Institutionen oder ein von langer Hand geplantes System denken lässt. Dabei ist auch dieses »System« über viele Generationen gewachsen, ohne dass ein Herrscher es vorausschauend entworfen oder eingerichtet hätte. Im Mittelalter verfestigte sich das Handeln der Menschen, sofern es sich bewährte, zu Traditionen – so auch hier im Zusammenspiel von König und Klerus – und erst in der Rückschau erscheint es wie ein geschlossenes System. Allerdings: die Beharrungskraft solcher gewachsener Traditionsgefüge war fast unüberwindlich. Wer sie in Frage stellte, sich der eingespielten Praxis, dem alten Rechtsbrauch, verweigerte, der brauchte gute Gründe und musste sich auf einen zähen Kampf einstellen.

Die Freiheit der Kirche

Die Päpste im hohen Mittelalter haben den Kampf aufgenommen, allen voran Gregor VII. Mit seinem Namen verbindet sich der erste große Konflikt zwischen Kaiser und Papst, der als »Investiturstreit« in die Geschichtsbücher einging. Wir werden sehen, dass der Begriff viel zu kurz greift, denn es ging um viel mehr als um die Investitur, die Einsetzung der Bischöfe. An der Investiturfrage aber entzündete sich der Streit.

Im Herbst 1075 hatte Heinrich IV. den Erzbischof von Mailand und ebenso in Fermo und Spoleto neue Bischöfe eingesetzt. Zwar gehörten Bischofsinvestituren, wie wir jetzt wissen, zum Tagesgeschäft des Herrschers, aber war der König hier überhaupt zuständig? Für Mailand war dies zumindest zweifelhaft – schließlich war Heinrich nicht Kaiser –, für die mittelitalienischen Bistümer im Hoheitsgebiet des Papstes war es ganz sicher anfechtbar. Der Papst sah sich provoziert und reagierte mit einem Mahnschreiben, in dem er den König zum Gehorsam aufforderte und ihn beschuldigte, er habe mit seinen eigenmächtigen Ernennungen die »Freiheit der Kirche« (*libertas ecclesiae*) verletzt. Damit war das Hauptthema genannt, um das es Gregor eigentlich ging und das viel weiter griff als die Frage, wer da oder dort den Bischof einsetzen durfte: Es ging um die Freiheit der ganzen Kirche.

Was der Papst darunter verstand, ist uns in einem berühmten Text überliefert, dem *Dictatus papae* (*Quelle 4.1*). Es sind 27 unverbundene, knappe Behauptungssätze. Der Papst begründete nichts, er stellte Thesen auf. Manche klingen für uns heute selbstverständlich, enthielten aber für die Zeitgenossen Sprengstoff, andere empfinden wir als unerhört, während sich im 11. Jahrhundert niemand daran störte. Zu Letzteren gehören die Sätze 8 und 9: »Nur der Papst kann kaiserliche Insignien führen« und »Nur des Papstes Füße werden von allen Fürsten geküsst.« Hier sprach der Papst Selbstverständliches aus: Dass der Kaiser vom Papst gekrönt wurde, also von ihm die Insignien empfing, war unbestritten; ebenso gehörte der Fußkuss des Papstes zum üblichen Begrüßungszeremoniell, eine Ehrenbezeugung, die nur dem Stellvertreter des hl. Petrus zustand und an der im Westen niemand Anstoß nahm. Allenfalls enthielt dieser Satz eine Spitze gegen den Kaiser von Byzanz; die Proskynese (Fußkuss) vor dem Kaiser war Teil des byzantinischen Hofzeremoniells.

Die für die Zeit Gregors brisanten Sätze überlesen wir leicht, weil wir sie für selbstverständlich halten: »Die römische Kirche ist allein vom Herrn gegründet« (Satz 1); »Nur der römische Papst wird zu Recht der allgemeine genannt« (Satz 2); »Die römische Kirche hat niemals geirrt« (Satz 22). Das waren Paukenschläge! Der Bischof von Rom setzte sich und seine Kirche in unerhörter Weise an die Spitze und verwies alle anderen Bischöfe auf nachgeordnete Plätze. Das wäre – etwas zugespitzt –, als würde der Mailänder Bischof behaupten, seine Kirche sei allein von Gott gegründet, oder der Mainzer, seine Kirche habe niemals geirrt und sei deshalb die allgemein gültige! Die Bischöfe verstanden sich als ein Kollegium von Gleichen, weil sie alle Nachfolger der Apostel waren. Dem Petrus-Nachfolger in Rom räumten sie einen Ehrenvorrang ein, aber keine höheren Rechte, geschweige denn ein Eingriffsrecht in ihre Kirchen, so dass der Papst Bischöfe absetzen (Satz 3) oder in einer anderen Kirche Geistliche weihen könnte (Satz 14). Wenn wir solche Sätze heute für selbstverständlich halten, dann tun wir das deshalb, weil der Papst in der katholischen Kirche heute genau die Stellung einnimmt, die Gregor VII. forderte. Seine Leitsätze stehen aber erst am Anfang einer Entwicklung, die zu der monarchischen Papstkirche führte, die wir kennen.

Analysiert man das »Diktat des Papstes« Punkt für Punkt, dann fällt auf, dass sich von den 27 Sätzen nur fünf direkt auf die kaiserliche Gewalt beziehen; am weitesten geht das Recht, den Kaiser abzusetzen (Satz 12). Alle anderen Sätze zielen auf das Verhältnis zwischen dem Papst und den Bischöfen. Wir sehen wieder: Gregor ging es nicht in der Hauptsache um die Rechte des Herrschers. Das Investiturproblem war für ihn nur ein Nebenschauplatz in einem viel umfassenderen Reformprogramm, das die Kirche von Grund auf neu ordnen sollte.

Allerdings dürfen wir den *Dictatus papae* nicht überbewerten. Genau genommen wissen wir nicht einmal, was für einen Text wir hier vor uns haben. Die Sätze sind an einer einzigen Stelle überliefert, in der Briefsammlung Gregors VII., und dort ohne Datierung unter die Briefe vom März 1075 eingereiht. Um einen Brief handelt es sich aber eindeutig nicht. Was für ein Text kann es sein? Aufgrund der Form hat man eine Tagesordnung vermutet, die vielleicht auf einer Synode abgearbeitet werden sollte, oder das Inhaltsverzeichnis einer Kirchenrechtssammlung, die man aber dazu passend nicht gefunden hat. Wichtig ist jedenfalls: (1) Der *Dictatus papae* war kein geltendes Kirchenrecht und wurde auch von Gregor VII. nicht so verwendet. (2) Niemand außerhalb des innersten Zirkels um den Papst kannte diese Sätze, auch Heinrich IV. nicht. Man versteht sie deshalb am ehesten als Ideensammlung, die aber als solche den geistigen Horizont Gregors VII., wie wir ihn aus anderen Schriften kennen, treffend abbildet.

Mehr als ein »Investiturstreit«

Ob sich Heinrich IV. der ganzen Tragweite bewusst war, als Gregor Gehorsam und Kirchenfreiheit von ihm forderte, kann man bezweifeln. Im Januar 1076 rief er die deutschen Bischöfe zu einer Synode nach Worms. Das Ergebnis liegt uns in einem Schreiben vor, das zwei Erzbischöfe und 24 Bischöfe (das sind etwa drei Viertel der deutschen Bischöfe) an den Papst verfassten (*Quelle 4.2*). Der Ton war scharf und unversöhnlich: Statt mit seinem Papstnamen redeten sie ihn mit »Bruder Hildebrand« an und machten so gleich zu Anfang deutlich: Du bist einer von uns, nicht mehr als ein Bischof! Gregor habe sich eine ungebührliche Macht angemaßt, indem er »die Rechte umstößt, die allen Brüdern zukämen«, denn alle Bischöfe hätten dasselbe Recht zu binden und zu lösen. Was also sollten die »gottlosen Neuerungen«! Die Bischöfe verweigerten Gregor die Anerkennung als Papst. Noch schärfer formulierte der König selbst (*Quelle 4.3*): Gregor habe »die Lenker der heiligen Kirche, Erzbischöfe, Bischöfe und Priester, die doch Gesalbte des Herrn sind« (*christi domini*!), wie Knechte behandelt und auch ihn, den König, »der ich, wenn auch unwürdig unter den Gesalbten (*christi*!), zum König gesalbt worden bin«, habe der Papst angetastet, »als ob wir das Königtum von euch empfangen hätten!«. Kraft seiner Autorität des von Gott gekrönten Königs forderte er Gregor auf, vom Papstthron herabzusteigen.

König und Bischöfe legten den Finger genau auf die wunden Punkte, wo der Papst aus ihrer Sicht bindende Traditionen verlassen und ihr Selbstverständnis verletzt hatte: römische Schutzherrschaft des Königs und künftigen Kaisers, sakrale Würde des Königs, Kollegialität und Rechtsgleichheit aller Bischöfe, auch des römischen. Dagegen stand das Konzept des Papstes: hierarchische Kirche mit dem römischen Bischof als »Universalbischof« an der Spitze, Überordnung des Papstes auch über die weltliche Herrschaft.

Der sogenannte »Investiturstreit« war damit keine Auseinandersetzung zwischen geistlicher und weltlicher Herrschaft. Die Fronten verliefen quer durch alle Lager. Die deutschen Bischöfe hielten zunächst fast geschlossen zu Heinrich, denn die geistlichen Herren sahen nicht ein, dass sie auf ihre angestammten, vom König verliehenen Herrschaftsrechte verzichten sollten. Auf der anderen Seite unterstützten mächtige Fürsten die päpstlichen Reformen; ihnen ging es weniger um die Reform der Kirche, deren theologische Begründungen sie kaum verstanden, als um zusätzliche Verbündete in ihrem Widerstand gegen Heinrich. Deshalb und nicht weil sie an seinem Reformprogramm interessiert waren, spendeten sie Gregor Beifall, als er Heinrich exkommunizierte und alle Untertanen vom Treueid löste, ihm damit faktisch die Herrschaft aberkannte. Wir müssen uns daran erinnern, dass nur 30 Jahre früher der Vater Heinrichs IV. fast im Handstreich drei Päpste abgesetzt und einen ihm genehmen eingesetzt hatte, um das Ungeheuerliche der Ereignisse 1076/77 zu ermessen: Der König, gebannt, musste als einfacher Büßer vor dem Papst zu Kreuze kriechen. Im Januar 1077 erwirkte er so in Canossa die Absolution und konnte seine Krone retten.

Dennoch war das Königtum nachhaltig erschüttert. Wenn die geistliche Salbung nicht einmal die Bischöfe davor bewahren konnte, vom Papst bevormundet zu werden, dann schützte sie auch den König nicht mehr. »Sind denn die Könige ausgenommen, gehören sie etwa nicht zu den Schafen«, die Christus dem hl. Petrus und damit dem Papst anvertraut hatte? So fragte Gregor VII. folgerichtig. Die Antwort musste alle christlichen Könige aufschrecken.

Man ist fasziniert von der Wucht, mit der dieser Papst die herrschaftlichen Gewichte innerhalb weniger Jahre neu justierte. Freilich kamen die Ideen nicht über Nacht und Gregor VII. hatte sie nicht erfunden. Er hatte lediglich gebündelt und mit missionarischem Temperament zugespitzt, was in den Schriften der Kirche seit Jahrhunderten ungeordnet und unbeachtet bereit lag. Für alle Thesen seines *Dictatus* hat man bei früheren Päpsten und in alten Konzilsakten verstreute Belege gefunden, aber jetzt, pointiert vorgetragen, fielen sie auf fruchtbaren Boden. Seit der Mitte des 11. Jahrhunderts regten sich unüberhörbar Reformkräfte, die die Kirche strenger an der Bibel und am Vorbild der Mönche ausrichten wollten. Der Anstoß kam auch von den Klöstern, gefördert wurden sie aber vom weltlichen Adel, auch gerade vom König. Schließlich hatte Heinrich III. 1046 mit Clemens II. seinen deutschen »Reformpapst« auf den Stuhl Petri gehoben und damit die Kirchenreform erst nach Rom gebracht. Dass sich diese Kräfte schon in der nächsten Generation gegen den König wenden würden, war damals weder beabsichtigt noch absehbar.

Das Vorbild der Reformer war die Urkirche, die Gemeinschaft der Apostel. Wie die Apostel in den ersten Christengemeinden, soweit man aus den Erzählungen der Bibel wusste, lebten seit jeher die Mönche, und so sollten alle Geistlichen leben: in Gemeinschaft, im Zölibat, d.h. ohne Frauen, in Armut und ohne herrschaftliche Vorrechte. Kirchliche Freiheit bedeutete die Freiheit von allen weltlichen Bindungen: Besitz, Familie, Herrschaft. Wer in der Kirche Herrschaft ausübte, weil er sie verliehen bekommen oder käuflich erworben hatte wie die Reichsbischöfe, der beging Simonie, eine schwere Sünde. Würde der Kampf gegen Simonie und für die Freiheit der Kirche radikal zu Ende geführt, fielen die Bischöfe als Herrschaftsträger des Königs aus. Die Konsequenzen für die Stellung der Bischöfe wie für die Herrschaft des Reiches waren nicht auszudenken, daher der massive Widerstand von König und Bischöfen. Wenn die Reformschriften der Zeit die Verweltlichung der Kirche verdammten und dagegen ihr Ideal der Askese und Freiheit setzten, dann gaben sie nur die Sicht der Reformer wieder. Historisch verlief die Entwicklung umgekehrt: Die Weltlichkeit war der Normalzustand der Kirche. Seit ihren Anfängen war sie eng verwoben mit den weltlichen, auch den herrschaftlichen Gegebenheiten der jeweiligen Zeit. Erst die

Kirchenreformer im 11. Jahrhundert nahmen in einem veränderten geistlichen Klima daran Anstoß und wollten die Kirche gleichsam »aus der Welt« in einen Urzustand zurückführen, den sie in historischen Zeiten nie hatte.

Die rettende Idee: Trennung der Gewalten

Die Spannungen, die sich zwangsläufig ergeben mussten, entluden sich in einer zuvor nicht gekannten Heftigkeit. Neu war allerdings, dass der Kampf nicht nur mit Waffen und Drohungen, sondern vor allem mit Argumenten und Rechtsgründen ausgetragen wurde. Die Kontrahenten, an der Spitze Heinrich IV. und Gregor VII., hatten sich jedoch zu fest in ihre Positionen verbissen, als dass es zu ihren Lebzeiten zu einer Einigung hätte kommen können. Erst in der nächsten Generation, als die Streitlust etwas abgekühlt und die Fronten nachgiebiger geworden waren, wurde eine Formel gefunden, mit der die Streitparteien aufeinander zugehen konnten. Im September 1122 tauschten Kaiser Heinrich V. und die Abgesandten des Papstes Calixt II. die Vertragsurkunden aus. Ein Vertrag zwischen dem Papst und einer weltlichen Regierung ist ein Konkordat, daher werden die beiden Urkunden von 1122 »Wormser Konkordat« genannt (*Quelle 4.4*); für die Zeitgenossen waren es schlicht *pacta* (Verträge). Der Kaiser verzichtete auf die Investitur mit Ring und Stab, d.h. mit den geistlichen Symbolen des Bischofs, und erlaubte freie Wahlen und Weihen der Bischöfe gemäß dem Recht der Kirche. Der Papst gestand dem Kaiser zu, dass die Wahlen der Bischöfe in seiner Gegenwart stattfinden und er bei strittigen Wahlen entscheiden sollte; der Gewählte sollte vom Kaiser mit dem Zepter die Herrschaftsrechte des Bistums erhalten. Dafür sollte er dem Kaiser das leisten, was er ihm »von Rechts wegen schuldet«. Hinter der umständlichen Formulierung verbarg sich doch wieder, ohne dass es offen ausgesprochen wurde, der Vasalleneid für den Herrscher.

Gab es einen Sieger? Das Wormser Konkordat war ein Kompromiss, mit dem beide Seiten leben konnten, ohne allzu sehr das Gesicht zu verlieren. Wirklich gelöst waren die sensiblen Streitpunkte nicht. Wie hätte es auch anders sein können? Wie sollte ein Bischof seine Kirche verwalten ohne herrschaftliche Rechte? Woher sollten die kommen, wenn nicht vom König? Im theoretischen Streit konnte man zwar erbittert Maximalpositionen verfechten, in der Praxis waren die Dinge komplizierter: Im Amt des Bischofs waren geistliche Aufgaben und weltliche Ausstattung – und das hieß immer Grundbesitz und Herrschaft – nicht zu trennen. Im politischen Alltagsgeschäft änderte sich durch das Wormser Konkordat nicht allzu viel. Die Regelungen nahmen Rücksicht darauf, dass die Kirche von der weltlichen Herrschaft nicht wirklich »frei« war, und sie ließen so viel Spielraum, dass der König nach wie vor auf die Bischofserhebungen in seinem Sinne einwirken konnte. Ein starker Herrscher wie Friedrich Barbarossa nutzte das Wormser Konkordat souverän und investierte Bischöfe in seinem Reich, als hätte es die Kirchenreform nie gegeben.

Aber auch wenn es noch nicht in die Praxis durchschlagen konnte, so war der Wormser Kompromiss doch ein gewaltiger ideengeschichtlicher Durchbruch. Die große Leistung bestand darin, dass man geistliche und weltliche Zuständigkeiten und Rechte – *Spiritualien* und *Temporalien* – jetzt begrifflich unterscheiden konnte. In klar geschiedenen Symbolen und Ritualen standen die beiden Sphären bei jeder Bischofserhebung plastisch vor Augen: Die geistliche Gewalt – und nur noch sie – wurde mit Ring und Stab übertragen, die weltliche, herrschaftliche Gewalt mit dem Zepter. Erst auf der Grundlage dieser Unterscheidung war es überhaupt möglich, dass die verfeindeten Lager sich in Worms einigen konnten. Ohne sie wäre es für jede Seite um alles oder nichts gegangen.

Noch waren Kirche und Staat nicht getrennt, weil sie praktisch nicht zu trennen waren. Aber die Gelehrten des 11./12. Jahrhunderts und nach ihnen die Herrschenden lernten gedankliche Trennlinien zwischen den Gewalten zu ziehen. Dass diese Trennlinien für uns heute selbstverständlich sind, zeigt nur, wie tragfähig das hier errichtete Gedankengebäude langfristig war, und weist uns als gelehrige Schüler des Mittelalters aus.

Man hatte 1122 brauchbare Regeln für die Investitur der Bischöfe gefunden. Das heißt aber nicht, dass Bischofsernennungen jetzt ohne alle Konflikte abliefen. Wann immer sich Gelegenheit bot, versuchte die eine Seite das Recht großzügig zu den eigenen Gunsten zu dehnen und die Gegenseite zu überspielen. Meist saß dabei der König am längeren Hebel, zumal er bei seinen Reichsbischöfen gegenüber dem Papst im fernen Rom einen Heimvorteil hatte. Vor allem aber hatte das Wormser Konkordat keine Entscheidung darüber getroffen, wie Kaiser und Papst künftig miteinander umgehen sollten. Musste der Herrscher nun für alle Zeiten hinnehmen, dass der Papst ihn exkommunizieren konnte und damit jede souveräne Herrschaft unmöglich machte? Oder gab es Herrschaftsrechte, die, obwohl sie von Gott verliehen waren, doch unabhängig vom Papst Bestand hatten? Wer durfte überhaupt herrschen und mit welchem Recht?

Solche Fragen waren neu im 11. Jahrhundert. Sie waren aus aktuellen Konflikten entstanden, führten aber weit darüber hinaus und beschäftigten die gelehrtesten Köpfe der Zeit. Die Streitliteratur, die damals entstand, füllt ganze Bibliotheken. War der Papst zunächst im Vorteil, weil er dank der Schrifttradition der Kirche auf Texte zurückgreifen konnte, um seine Position zu untermauern, so hat der König doch bald aufgeholt.

Um sich im Streit um das bessere Recht zu behaupten, musste er lernen, sein Recht anders als mit Gewalt zu begründen. Deshalb gehört die Zeit der Kirchenreform zu den spannenden Epochen nicht nur der Herrschaftsgeschichte, sondern auch der Geistes- und Ideengeschichte.

Das gottesunmittelbare Kaisertum Barbarossas

Das Wormser Konkordat von 1122 setzte also keinen Schlusspunkt, vielmehr war die Diskussion jetzt erst eröffnet. Die Fragen nach dem Ursprung der kaiserlichen und der päpstlichen Gewalt und nach dem Verhältnis der Gewalten zueinander, ja letztlich nach der gerechten Ordnung der Welt, trieben die Könige und Päpste, Theologen und Juristen noch gut zwei Jahrhunderte um. Sie beherrschten nicht ununterbrochen das politische Tagesgeschäft, aber sie brachen sofort wieder auf, sobald die eine Seite die »Freiheit der Kirche« oder die andere die »Ehre des Reiches« bedroht sah. Oft genügte ein unbedachtes Wort, eine missverständliche Formulierung, um eine grundsätzliche Diskussion zu entfachen.

Auf dem Hoftag in Besançon im Oktober 1157 wurde im Beisein Kaiser Friedrichs I. ein Schreiben des Papstes Hadrian IV. verlesen. Darin bezeichnete der Papst das Kaisertum als *beneficium*. Das lateinische Wort ist zweideutig: Die Grundbedeutung »Wohltat« wäre harmlos gewesen; der Kölner Erzbischof Rainald von Dassel übersetzte aber »Lehen«. Kaiser und Fürsten sahen rot. Die Kaiserwürde ein Lehen des Papstes, der Kaiser ein Vasall von Rom – das waren ungeheuerliche Behauptungen! Als dann einer der päpstlichen Legaten noch nachsetzte: »Von wem hat er denn das Kaisertum, wenn nicht vom Herrn Papst?«, wurden Schwerter gezückt. Nur weil der Kaiser persönlich dazwischentrat, kam es nicht zum Blutvergießen.

Es lässt sich nicht sicher entscheiden, ob der Papst bewusst zweideutig formuliert hatte, um zu testen, wie weit er gehen konnte, oder ob der Erzbischof absichtlich so übersetzte, um den Eklat zu provozieren. Zuzutrauen wäre es beiden, beide waren schon früher als Hardliner hervorgetreten. Der Vorfall zeigt, wie empfindlich man in solchen Fragen reagierte. Für Historiker ist der *beneficium*-Streit deswegen interessant, weil er beide Seiten zur Klarstellung ihrer Positionen zwang. Es entwickelte sich eine rege Korrespondenz zwischen dem Kaiserhof und der päpstlichen Kurie. Barbarossa ließ keinen Zweifel daran, dass seine Herrschaft nicht vom Papst kommt (*Quelle* 4.5): »Wir haben Königtum und Kaisertum durch Wahl der Fürsten allein von Gott empfangen.« Petrus selbst habe gesagt: »Fürchtet Gott und ehret den König« (1. Petrus-Brief 2,17), von einem Papst hat er nichts gesagt. In einer zweiten Stellungnahme erläuterte der Kaiser die Rolle des Papstes bei der Kaiserkrönung: Nach der Wahl durch die Fürsten salbt der Kölner Erzbischof den König und danach salbt und krönt der Papst den Kaiser. So wenig dem Erzbischof bei der Königsweihe eine eigene Entscheidung zukam, so wenig hatte der Papst über die Kaiserkrone zu entscheiden. Er vollzog lediglich eine Weihehandlung in einem Verfahren, das mit der Wahl des Königs durch den Willen der Fürsten in Gang gesetzt wurde.

Auch ein selbstbewusster Herrscher wie der Staufer Friedrich kam an den Folgen des Investiturstreits nicht vorbei. Man merkt es an seinen Argumenten. Wenn der Papst die geistliche Salbung des Herrschers so verstand, dass dadurch das Kaisertum und sogar schon das Königtum wie kirchliche Ämter in seine Macht gegeben waren, dann musste der König seine Herrschaft anders begründen. Deshalb betonte Barbarossa die Wahl der Fürsten, durch die er König- und Kaisertum »allein von Gott« empfangen habe. Durch die einmütige Fürstenwahl berief Gott den König und künftigen Kaiser zur Herrschaft. Zwar wurde der Herrscher nach wie vor gesalbt und nannte

Die Reichskrone

Der achteckige Kronreif (Durchmesser 20,9 × 22,2 cm, Gewicht 3,5 kg), die Zahl und die Anordnung der 240 Perlen und 120 Edelsteine sowie der Bildschmuck haben zu nahezu unerschöpflichen Deutungen angeregt. Offenkundig sind die biblischen Bezüge: Der oktogonale Reif spiegelt das himmlische Jerusalem, die Bildplatten zeigen die alttestamentlichen Könige David, Salomon, Hiskia und den Propheten Jesaja sowie Christus mit der Inschrift: P(er) ME REGES REGNANT (Sprüche 8,15: »Durch mich herrschen die Könige«). – Die Datierung der Krone ist unter Kunsthistorikern bis heute umstritten: Vielleicht wurde sie schon zur Kaiserkrönung Ottos I. 962 angefertigt, spätestens für Konrad II. 1027. Die sogenannte Reichskrone war Königs- und Kaiserkrone zugleich. Ob sie aber bei jeder Königskrönung in Aachen und jeder Kaiserkrönung in Rom getragen wurde, wissen wir nicht. Die Reichskrone blieb das wichtigste Insigne des Kaisertums bis zum Ende des Reiches 1806 (im Spätmittelalter galt sie als die Krone Karls des Großen) und befindet sich noch heute in der Wiener Hofburg.

sich wie seine Vorgänger »Gesalbter des Herrn«, aber zumindest in der Positionsbestimmung gegenüber dem Papst trat die sakrale Würde hinter die fürstliche Legitimation zurück. Bezogen auf das Reich, waren die Fürsten und nicht der Papst die eigentlichen Gewinner des Investiturstreits.

Neben die politische Begründung, die Entscheidungsmacht der Fürsten, trat eine historische: Seit Karl dem Großen hatten die Päpste die Kaiser gekrönt; seit dem 11. Jahrhundert leiteten die Päpste daraus das Recht ab, über die Krone zu bestimmen. Tatsächlich war es nicht leicht von der Hand zu weisen, dass derjenige, welcher den Kaiser salbt und krönt, über dem Kaiser stehen müsse. Dagegen führte Barbarossa das ältere Recht des römischen Kaisertums ins Feld. Römische Kaiser hatte es schon vor den Päpsten, ja sogar vor der christlichen Religion gegeben. Konnte der Papst sich auf die Nachfolge des hl. Petrus und auf dessen Einsetzung durch Christus berufen, so reichte die Ahnenreihe des Kaisers mindestens ebenso weit zurück, nämlich bis zu Augustus, dem ersten römischen Kaiser, der unbestreitbar nicht von Christus eingesetzt war. Das römische Kaiserrecht, das im 12. Jahrhundert neu »entdeckt« und studiert wurde, gab den mittelalterlichen Kaisern eine Rechtsgrundlage, die von jeder kirchlichen oder biblischen unabhängig war. Auf dieser Grundlage konnte Barbarossa dem Papst entgegenhalten: »Zwei Dinge sind es, mit denen unser Reich regiert werden muss, die heiligen Gesetze der Kaiser und der gute Brauch unserer Vorgänger und Väter. [...] Was darüber hinausgeht, ist überflüssig und von Übel« (*Quelle* 4.5).

Die Kanzlei Barbarossas prägte den Begriff *sacrum imperium* (»heiliges Reich«) und stellte damit das Reich, die Herrschaft des Kaisers, auf die gleiche Stufe neben die »heilige Kirche« des Papstes. Als nach dem Tod Papst Hadrians IV. 1159 zwei Päpste gleichzeitig gewählt wurden, weil die Kardinäle zerstritten waren, war dies für den Kaiser ein willkommener

Anlass, sich als Herr der Christenheit zu präsentieren. Ganz wie die alten Kaiser, Konstantin, Karl der Große und Otto I., berief er ein Konzil nach Pavia. Das Konzil scheiterte kläglich, weil es nur das kaiserfreundliche Lager, aber nicht die Gesamtkirche repräsentierte und von der Mehrheit der Bischöfe ignoriert wurde. Der Anspruch des Kaisers, sich als Richter über den Papst zu stellen wie gut hundert Jahre früher Heinrich III., hatte sich überlebt.

Dualismus oder Hierarchie der Gewalten?

Das Äußerste, was sich auf der kaiserlichen Seite behaupten ließ und von den juristischen Beratern des Kaisers immer präziser ausformuliert wurde, war die dualistische Position. Gott hatte beide Gewalten verliehen, dem Papst die geistliche und dem König oder Kaiser die weltliche. Es gibt damit zwei Oberhäupter in der Welt. Beide sind unmittelbar von Gott und bestehen unabhängig nebeneinander; sie sind aber dazu berufen, sich gegenseitig zu unterstützen. Wenn der Herrscher gesalbt wird, vollzieht der Geistliche, Bischof oder Papst, nur den göttlichen Willen. Der Geistliche steht deshalb nicht über dem Gesalbten.

Dies war die kaiserliche Auffassung der Zwei-Schwerter-Lehre, die in diesem Zusammenhang immer wieder zitiert wurde. Im Lukas-Evangelium (22,38) spricht Jesus kurz vor seiner Gefangennahme von den drohenden Ereignissen. Die Jünger wollen ihn beruhigen und sagen: »Herr, hier sind zwei Schwerter.« Jesus antwortet: »Es ist genug.« – Die mittelalterlichen Theologen verstanden die beiden Schwerter als die beiden Gewalten, die geistliche und die weltliche, die Jesus mit dem Wort »Es ist genug« für ausreichend erklärt habe; mehr als diese beiden Gewalten solle es nicht geben. (Die moderne Theologie versteht das Jesus-Wort als Einspruch gegen die angedeutete Gewaltbereitschaft seiner Begleiter, im Sinne von: Genug davon! Schluss damit!)

Die päpstliche Deutung der zwei Schwerter war eine andere: Denn wer hatte die Schwerter? Die Apostel, in der Überlieferung wurden sie Petrus in die Hand gegeben und von Petrus kamen sie auf den Papst. Er hatte folglich beide Gewalten inne. Die geistliche Gewalt übte er selbst aus, das weltliche Schwert übertrug er dem weltlichen Herrscher, der es im Auftrag und mit Erlaubnis des Papstes führen sollte. Dies war die hierarchische Position, wie sie im Laufe des 12. und 13. Jahrhunderts von den Päpsten immer feiner ausformuliert wurde.

Mit Hadrian IV. begann die lange Reihe der »Juristenpäpste«. Sie waren Experten des Kirchenrechts (Kanonistik) und erst in zweiter Linie Theologen. Unter ihnen entstand an der römischen Kurie ein gewaltiges Ideengebäude, das die geistliche Gewalt, d.h. die Herrschaft des Papstes, himmelhoch über jede weltliche Herrschaft setzte. Die Argumente, die seit den Tagen Gregors VII. im Streit zwischen Kaisern und Päpsten ausgetauscht worden waren, verdichteten sich zu einer geschlossenen Herrschaftstheorie. Wesentlichen Anteil daran hatten die jetzt entstehenden Universitäten. Vor allem die Theologen in Paris und die Juristen in Bologna befeuerten den Streit der Ideen. Ihre Bücher und Kommentare bildeten die Grundlage der europäischen Rechtswissenschaften.

Bereits am Ende des 12. Jahrhunderts war das juristische Fundament so stabil, dass der Papst seinen Vorrang (Primat) vor der weltlichen Gewalt voll zur Geltung bringen konnte. Die Gelegenheit dazu ergab sich, als nach dem plötzlichen Tod Heinrichs VI. 1197 in strittiger Wahl zwei Könige erhoben wurden: der Staufer Philipp, der Bruder des verstorbenen Herrschers, und der Welfe Otto IV., ein Sohn Heinrichs des Löwen. Die Fürsten waren zu einer Einigung nicht im Stande, beide Lager warben beim Papst für die Anerkennung ihres Kandidaten. Die Parallelen zu 1159/60 sind augenfällig; sie zeigen, wie sich die Kräfte inzwischen verschoben hatten. War es Barbarossa damals nicht gelungen, sich als Schiedsrichter zwischen den Päpsten ins Spiel zu bringen, so trugen die Fürsten nun von sich aus dem Papst die Schiedsrichterrolle an.

Papst Innozenz III. ließ sich über ein Jahr Zeit für eine gründliche Stellungnahme. Darin bot er alles auf, was die päpstliche Rechtslehre bisher zusammengetragen hatte (*Quellen 4.6 und 4.7*). Er argumentierte (1) historisch, (2) juristisch und (3) theologisch:

(1) Der Papst leugnete nicht das Recht der Fürsten, den König zu wählen, der später zum Kaiser erhoben wurde. Aber er machte deutlich, dass ihnen dieses Recht einst vom Papst gegeben worden war. Denn dieser war es, der in der Person Karls des Großen das römische Kaisertum »von den Griechen« (d.h. von Byzanz) »auf die Germanen« (die Franken, später die Deutschen) übertragen hatte. Mit der ›Translationslehre‹ (*translatio* ›Übertragung‹ des Kaisertums) wurde bewiesen, dass das westliche Kaisertum von Anfang an ein Produkt des Papstes war, auch wenn es davor schon ein römisches Kaisertum gegeben hatte (das im übrigen in Byzanz fortbestand). Ohne Papst kein Kaiser im Westen. Und auch wenn der Papst bisher stets die Deutschen mit der Kaiserwürde betraut hatte, folgte daraus nicht zwangsläufig, dass dies für alle Zeiten so weitergehen müsste; er könnte die Kaiserkrone auch ebenso gut einem anderen Herrscher auftragen, wenn der sich würdiger erweisen sollte.

(2) Wenn der König gewählt wurde, um darauf vom Papst zum Kaiser gesalbt und gekrönt zu werden, dann musste der Papst das Recht haben, schon den König zu prüfen. Andernfalls würde es heißen, dass der Papst blindlings jeden, auch einen Ungläubigen, einen Ketzer oder einen Verrückten zum Kaiser machen müsste, wenn nur die Fürsten ihn gewählt hät-

ten. Grundsätzlich müsste aber gelten, dass derjenige, der einen Kandidaten weiht, vorher dessen Eignung prüft. Innozenz betrachtete das Kaisertum als kirchliches Amt: Wie jeder Bischof war der Kaiser vor seiner Weihe vom Papst zu prüfen.

(3) Der Papst hatte schon deshalb ein Entscheidungsrecht in Streitfällen – wie einer strittigen Königswahl –, weil es dabei immer auch um Recht oder Unrecht ging, um gottgefälliges oder sündhaftes Verhalten. Hier war der Priester gefragt. Denn nur er habe Macht über die Seelen, seine Macht sei deshalb höher als jede irdische Gewalt. In besonderem Maße gelte dies für den Nachfolger des Petrus, weil Petrus alle überrage. Auch Könige waren da nicht ausgenommen.

Die oberste Rechtszuständigkeit (Jurisdiktionsprimat) des Papstes war von Innozenz III. so prägnant formuliert, dass seine Texte in das allgemeine Kirchenrecht aufgenommen wurden. Damit wurden sie zum Lehrstoff der Universitäten und konnten immer wieder abgerufen werden, um die päpstliche Gewaltenfülle (*plenitudo potestatis*) im akademischen Lehrstreit oder in aktuellen Konflikten zu begründen. Die Schriften dieses Papstes gelten zusammen mit den unzähligen Kommentaren und Interpretationen, die durch sie angestoßen wurden, als Höhepunkt der päpstlichen Herrschaftstheorie im Mittelalter.

Spätere Päpste haben ihre Vollgewalt noch einmal zu steigern versucht. Doch ohne die juristische Vernunft ihres Vorgängers und ohne sein Gespür für das rechtlich Mögliche vermochten sie die Herrscher immer weniger zu beeindrucken. Als Papst Bonifaz VIII. in der Bulle *Unam sanctam* feierlich erklärte, dass es »für alle menschliche Kreatur überhaupt heilsnotwendig ist, dem römischen Papst untertan zu sein«, und den Kaiser überhaupt nicht mehr erwähnte, war dies die absolute Zuspitzung der päpstliche Allgewalt (*Quelle 4.8*). Doch auch wenn der Papst sich im späten Mittelalter »Stellvertreter

Der Papst als dreifach gekrönter Monarch
Marmorbüste Bonifaz' VIII. auf seiner Grabanlage, ursprünglich in der alten Peterskirche in Rom. Bonifaz VIII. ließ sein aufwendiges Grabmal schon zu Lebzeiten errichten, wie er auch sonst wie kein anderer Papst durch zahlreiche Statuen für geradezu kultische Repräsentation seiner Person sorgte. Die Grabbüste zeigt den Papst mit der dreistufigen Tiara, die Bonifaz VIII. als erster trug, mit der rechten Hand segnend, in der Linken den Schlüssel des hl. Petrus. Erst Papst Paul VI. legte die Tiara 1964 für sich und seine Nachfolger feierlich ab.

Christi« (*vicarius Christi*) nannte und die dreistufige Papstkrone (Tiara) trug (vgl. Abb. S. 82), verkörperte er damit lediglich, jenseits persönlicher Verstiegenheit, die gelehrte Rechtstheorie der Kirche: Legitime Herrschaft war nicht anders zu denken als von göttlichem Ursprung und musste folglich zuallererst dem Papst als dem höchsten geistlichen Repräsentanten auf Erden übertragen sein. Von der politischen Wirklichkeit, vom realen Machtgefüge zwischen Papst, Kaiser, Königen und Fürsten war ein solcher Totalanspruch schon im 14. Jahrhundert weit entfernt. »In gewisser Weise begann damals der Rückgang der weltlichen Herrschaft des Papsttums, dessen Schlussakt der 20. September 1870 war: der Verlust des letzten Zipfels vom Kirchenstaat« (Horst Fuhrmann, *Die Päpste*, S. 151).

5. Die Ordnung der Reiche – Kaiser und Könige

Es scheint, als wären die großen Fragen nach der Ordnung der Welt ab der Mitte des 13. Jahrhunderts etwas abgeklungen. Sie wurden mehr und mehr den Universitäten überlassen, wo die Gelehrten weiter darüber streiten mochten, wer der Herr der Welt sei, der Kaiser oder der Papst. Die Herrscher selbst hatten meist andere Sorgen. Am Kaiserhof und an den Höfen der europäischen Könige war zwar ebenfalls – sogar zunehmend mehr – gelehrter Sachverstand gefragt. Aber die Hofjuristen mussten pragmatischer denken, ihre Rechtsvorschriften und Gutachten mussten sich unmittelbar im politischen Alltag bewähren.

Mehr deutsch als römisch – das Reich im späten Mittelalter

So waren es am Ende weniger die großen Kämpfe, in denen die Gewaltenfrage sich entschied, als vielmehr die kleinen Schritte der praktischen Politik, unter denen sie sich stillschweigend auflöste. Einen wesentlichen Anteil daran hatten die Juristen in den Kanzleien des Kaisers und der Fürsten. Sie lieferten die Argumente und formulierten die Gesetze, die den Kaiser aus der Bevormundung des Papstes emanzipierten und das Reich auf eigene Füße stellten. Während der Papst in Avignon residierte – mehr oder weniger unter der Aufsicht des französischen Königs – und seine Bannsprüche die Herrschaft des Kaisers kaum noch störten, trafen sich im Sommer 1338 die Kurfürsten in Rhens am Rhein (südlich von Koblenz) zu einer wegweisenden Rechtsfeststellung. Sie bekräftigten ihr Recht zur Wahl des »Königs der Römer«; der Gewählte bedürfe keiner Zustimmung oder Bestätigung seitens des Papstes, mehr noch: Der gewählte König könne bereits ohne Kaiserkrönung über die Güter und Rechte des Reiches (*imperium*), also des Kaisers, verfügen. Wenige Wochen später ließ der Kaiser selbst, Ludwig IV., per Gesetz verkünden, was als Recht und Gewohnheit des Reiches von alters her gelten müsse: Wer rechtmäßig »zum Kaiser oder König« gewählt sei, »ist sofort einzig aufgrund der Wahl als der wahre König und Kaiser der Römer anzuerkennen und zu bezeichnen« und »bedarf keiner Anerkennung, Bestätigung, Ermächtigung oder Zustimmung seitens des Papstes« (*Quelle* 5.1).

Jetzt war das papstfreie Kaisertum sozusagen durch Reichsgesetz festgeschrieben. Von hier war es nur noch ein kleiner Schritt bis zur Goldenen Bulle: Diese große Reichsordnung Kaiser Karls IV. von 1356 regelte bis in kleinste Details das Verfahren der Königswahl, die Rechte und Ehrendienste der Kurfürsten, ihre sensible Rangfolge im Geleit und bei der Sitzordnung. Die Kurfürsten werden die »Säulen des Reiches« genannt – der Papst wird mit keinem Wort erwähnt (*Quelle* 5.2). Der Papst fehlte auch demonstrativ im königlichen »Weihnachtsdienst«, der eben unter Karl IV. Brauch wurde: In der

Weihnachtsmesse trug der Kaiser im feierlichen Ornat die Eingangsworte des Weihnachtsevangeliums vor: »Es erging ein Gebot von dem Kaiser Augustus, dass der ganze Erdkreis geschätzt werde« (Lukas 2,1). In der Heiligen Nacht, wenn die ganze christliche Welt die Geburt des Heilands feierte, erinnerte diese Zeremonie daran, dass es in der Geburtsstunde Christi bereits einen Kaiser gegeben hatte, aber keinen Papst, ja dass die Heilige Schrift selbst die Herrschaft des Kaisers über die ganze Erde verkündete. Doch aller Symbolkraft zum Trotz war die Inszenierung nur noch ein Nachhall einstiger Kaiserherrlichkeit: Universale Herrschergewalt konnte Karl IV. so wenig wie irgendein Kaiser des späten Mittelalters ernsthaft beanspruchen.

Faktisch war das Kaisertum auf ein deutsches Königtum geschrumpft. Um 1500 wurde das auch in der offiziellen Bezeichnung zum Ausdruck gebracht: »Heiliges Römisches Reich Deutscher Nation«. »Heilig« war das Reich seit der Stauferzeit, »römisch« der Idee nach seit der Antike und nun noch »deutsch« und »national«. Der Begriff war ein Widerspruch in sich: entweder »römisch«, also universal, theoretisch die ganze (christliche) Welt umspannend, oder kleinräumig »deutsch«. Der Reichsbegriff am Ende des Mittelalters verriet die Verlegenheit, einerseits den realen Bedingungen der Gegenwart Rechnung tragen zu müssen und andererseits doch den historischen Wurzeln treu zu bleiben.

Die deutschen Herrscher pendelten wie seit Jahrhunderten zwischen verschiedenen Höfen, zumeist zwischen den Reichsstädten im Südwesten, auf deren Kosten sie dort residierten: Frankfurt, Nürnberg, Augsburg, Straßburg. Verglichen mit dem hohen Mittelalter war der geografische Raum des Herrscheritinerars deutlich kleiner geworden. Er entsprach dem politischen Wirkungsraum des Herrschers. Alle Versuche, das Reich mit mehr »staatlichen« Kompetenzen auszustatten, scheiterten an zu vielen divergierenden Interessen. Die Fürsten, im späten Mittelalter zunehmend auch die Städte, waren Herren eigenen Rechts und nicht bereit, ihre Rechtsautonomie zugunsten des Reiches beschneiden zu lassen.

So gilt für das römisch-deutsche Reich im Grundsatz auch noch im späten Mittelalter: König und Fürsten herrschten nicht über einen territorial definierten Untertanenverband. Sie geboten über Menschen nicht kraft obrigkeitlicher Gesetze, die einheitlich für alle Untertanen verbindlich waren, sondern noch immer aufgrund ganz verschiedener personaler Rechte von der Vasallität bis zur grundherrlichen Gewalt, die den herrschenden Familien seit Generationen zugewachsen waren. Hauptantrieb der fürstlichen Politik war nach wie vor die Sicherung der Dynastie. Dabei spielten biologische Zufälle oftmals eine größere Rolle als politisches Augenmaß. Weil mächtige Adelshäuser ausstarben, wie 1248 die Grafen von Andechs, konnten etwa die Wittelsbacher ihr bayerisches Herzogtum nahezu konkurrenzlos zur Landesherrschaft ausbauen und sich als herrschende Dynastie in Bayern bis in die Neuzeit behaupten. Die zielbewusste Territorialpolitik mit modern anmutenden Formen des Finanz- und Militärwesens, die man in manchen Fürstenstaaten zu beobachten meint, gehorchte dynastischen Interessen und simplem Erwerbsstreben. Es war kein Zufall, dass die bedeutendste politiktheoretische Schrift der Renaissance von Niccolò Machiavelli »Der Fürst« (*Il principe*) heißt und nicht »Der Staat«.

Das 12. Jahrhundert war in mehrfacher Hinsicht eine Wendezeit für Europa, wirtschaftlich, gesellschaftlich, kulturell, geistesgeschichtlich. In dieser Zeit erhielten die Reiche auch ihre herrschaftliche Ausrichtung. Das römisch-deutsche Reich entwickelte sich eindeutig zum Wahlreich, die Königreiche England und Frankreich wurden Erbmonarchien. Dies ist insofern bemerkenswert, als die Nachbarn Deutschland und Frankreich aus demselben Wurzelgebilde hervorgegangen waren, dem Reich der Karolinger.

Königreich England – ein normannischer Lehensstaat

Eine völlig andere Ausgangslage hatte England. Schon der Beginn der normannischen Herrschaft in England war spektakulär. Im September 1066 setzte der Normannenherzog Wilhelm (der Eroberer) mit einem Heer von der Normandie auf die Insel über und wurde nach erfolgreicher Schlacht als König empfangen. Kraft des Rechtes des Eroberers fiel ihm das gesamte Angelsachsenreich als Königsland zu. Rund drei Viertel des Landes wurde den normannischen Fürsten, die mit dem Eroberer gekommen waren, Bischöfen und etwa 170 Laienbaronen, zu Lehen gegeben. Diese Königsvasallen mit ihren 5000 bis 6000 Rittern bildeten die neue Führungsschicht. Der eingesessene angelsächsische Adel, soweit er nicht in der Schlacht gefallen oder abgewandert war, trat als Untervasallen in den Dienst normannischer Herren. Im Unterschied also zu den deutschen Fürsten hatten die Barone im normannischen England keinen Allodialbesitz, auf den sie eigene Herrschaften gründen konnten. Alle Herrschaftsrechte waren vom König als dem obersten Lehensherrn abgeleitet.

Auch als König von England blieb Wilhelm Herzog der Normandie und auch die meisten Herrscher nach ihm waren in Personalunion zugleich Könige von England und Herzöge der Normandie. Andere Herrschaften auf dem Festland kamen durch geschickte Eheverbindungen hinzu: die Grafschaften Anjou und Touraine, das Herzogtum Aquitanien mit den Grafschaften Poitou und Auvergne. Als Herzog und Graf dieser Länder in Frankreich war der englische König Vasall des französischen Königs. Dieser war zwar der Lehensherr, aber seine tatsächliche Macht reichte in keiner Weise an die des englischen Königs heran, der seine französischen Lehen souverän beherrschte. Die heikle rechtliche Konstellation sorgte fast ständig für Spannungen zwischen England und Frankreich und führte auch immer wieder zum Krieg.

Die Herrschaft des englischen Königs erforderte die Kunst des Spagats zwischen der Insel und dem Festland. König Heinrich II. bereiste die meiste Zeit, etwa 22 von 35 Herrscherjahren, seine französischen Besitzungen. In seinem Königreich hielt er sich meist nur wenige Monate am Stück auf, kaum einmal länger als ein Jahr. Mindestens 25mal überquerte er den Kanal, in der Regel eine Tagesreise zwischen Cherbourg und Southampton oder Calais und Dover. Aber manchmal lag die Flotte wochenlang an der Küste fest, weil man auf günstigen Wind warten musste. Die Überfahrt war nicht ungefährlich: Im März 1170 wurden 25 Schiffe vor der englischen Küste in alle Winde zerstreut und liefen auf Grund; nur das Schiff des Königs erreichte wie durch ein Wunder den Hafen von Portsmouth. Eine Katastrophe war 1120 der Untergang des *White Ship*, des Paradeschiffs Heinrichs I.; das Unglück kostete die gesamte Besatzung bis auf einen Mann mitsamt dem Thronfolger das Leben.

Erfolgreiche Herrschaft verlangte präzise Planung, dabei äußerste Beweglichkeit, die auch Risiken nicht scheute. Die Berater Heinrichs II. bescheinigten ihm eine zur Hektik neigende Betriebsamkeit, mit der er »fast der halben Christenheit erbarmungslos auf die Nerven fiel«: »Wenn der König versprochen hat, dass er irgendwo länger bleiben wolle [...], weiß man mit Sicherheit, dass er früh am nächsten Morgen aufbrechen und jede Planung ohne Vorankündigung umstoßen wird. [...] Wenn er aber gesagt hat, er würde am nächsten Tag früh zu einem bestimmten Ort weiterreisen, wird die Entscheidung ohne Frage wieder geändert, und man weiß, er wird bis Mittag schlafen.« Im Zweifel frage man am besten die Huren und Schankwirte – auch sie gehörten zum reisenden Hof –, die wüssten noch am ehesten Bescheid.

Dass die Herrscher den Dauerstrapazen überhaupt gewachsen waren, lag sicherlich an ihrer robusten physischen und psychischen Konstitution, mehr noch aber an ihrem Herrschaftssystem, das damals in Europa einzigartig war. Militär, Finanzwesen und Rechtsprechung waren wie in einem modernen Staat am Königshof zentralisiert.

Das herkömmliche Lehensaufgebot wurde den militärischen Erfordernissen des Großreiches nicht mehr gerecht. Hinzu kam, dass die Barone und Ritter immer weniger bereit waren, sich am kostspieligen und gefährlichen Waffendienst auf dem Kontinent zu beteiligen. Sie zogen es vor, sich um die einträglichere Verwaltung ihrer englischen Besitzungen zu kümmern. Da kam es beiden Seiten, König und Vasallen, entgegen, wenn diese anstelle des persönlichen Lehensdienstes ein fest bemessenes Schildgeld (*scutagium*) als Ablösesumme entrichteten. Davon konnte der König ein stehendes Söldnerheer, etwa die gefürchteten Brabanzonen (Bogenschützen aus Brabant) unterhalten.

Auch andere Vasallenpflichten wurden im Laufe des 12. Jahrhunderts weitgehend durch Geldzahlungen ersetzt. Zweimal im Jahr, zu Ostern und Michaelis (29. September), erschienen die Sheriffs am Hof in Westminster, um die königlichen Einkünfte aus ihren Grafschaften abzurechnen, Einnahmen aus Königsland und Lehensdiensten, Gerichtsgebühren, Vermögenssteuern und alle möglichen Sonderabgaben. Über alle Eingänge wurde genauestens Buch geführt. »Wenn das Geld gezählt und zu je hundert Pfund in Säcke abgefüllt ist, so versiegelt sie der Sekretär des Schatzmeisters und hält schriftlich fest, wieviel er erhalten hat, von wem und wofür. [...] Um einen Zählfehler zu vermeiden, wird das gezählte Geld zu hundert Schilling in hölzerne Behälter abgefüllt und gewogen und erst dann, wie gesagt, zu hundert Pfund in Säcke abgefüllt. Findet sich ein Behälter mit geringerem Gewicht, so wird nicht etwa der Fehlbetrag nach Schätzung ergänzt, sondern die zweifelhafte Summe wird sogleich auf den noch zu zählenden Haufen zurückgeworfen.« So berichtet Richard von Ely, der selbst Schatzmeister unter Heinrich II. war. Das Schatzamt des englischen Königs (*scaccarium* ›Schachbrett‹, wegen der Form des Rechenbretts, daher noch heute *exchequer* ›Finanzministerium‹) arbeitete schon im 12. Jahrhundert penibel und effizient wie eine moderne Finanzbehörde. Vergleichbares gab es damals in ganz Europa nicht, nicht einmal an der gut organisierten päpstlichen Kurie.

Noch bedeutender vielleicht war das rechtliche Instrumentarium. In allen Hochgerichtsfällen (Raub, Mord, schwerer Diebstahl) sollten nur königliche Richter mit Unterstützung der örtlichen Sheriffs ermitteln. Die Sheriffs, die als Vertreter des Königs die Grafschaften verwalteten, durften in keiner Weise behindert werden, zu allen Burgen und Höfen war ihnen Zutritt zu gewähren; Gewalt gegen Besitz war grundsätzlich Unrecht und wurde bei Anklage richterlich untersucht; unrechtmäßig errichtete Burgen mussten abgerissen werden. Die Richter sollten »von allen, die im Königreich bleiben wollten«, Grafen, Baronen, Rittern, freien Bauern Treueide auf den König entgegennehmen, und wer den Eid verweigerte, sollte als Feind des Königs festgenommen werden. Durch die Sheriffs als die königlichen Exekutivbeamten und besondere »Reiserichter« (*iudices itinerantes*) wurde das Recht des Königs bis in die entlegensten Winkel des Reiches getragen. Die Reiserichter kontrollierten auch die Sheriffs. Eine Generaluntersuchung über die Amtsführung der Sheriffs sollte 1170 feststellen, »was und wieviel sie aus ihren Ländereien eingenommen haben« und ob die Einnahmen aufgrund eines nachweisbaren

Rechts erfolgt waren oder nicht (*Quelle* 5.3); die Untersuchung führte zur Absetzung von zwanzig Sheriffs wegen Amtsmissbrauchs.

Solche Befugnisse waren bei einem deutschen Königsgericht undenkbar. Sie bedeuteten nicht weniger als die Aufhebung des Fehderechts, den absoluten Vorrang der königlichen Treubindung vor allen anderen Rechtspflichten und die Allgemeinzuständigkeit des Königsgerichts in allen größeren Rechtsfällen. Entstanden war ein einheitliches, territoriales Königsrecht, ein *Common Law*, das dem König das Monopol legitimer Gewaltanwendung im ganzen Reich vorbehielt. Wie weit das königliche Gewaltmonopol schon durch Institutionen gefestigt war, sieht man daran, dass bei Abwesenheit des Königs – etwa während der langen Frankreichaufenthalte – der Großjustitiar die Regentschaft führte. Er war der oberste Richter, Chef des Exchequer und mit vizeköniglichen Vollmachten ausgestattet, »der Erste im Reich nach dem König«.

Das System war am Ende des 12. Jahrhunderts so stabil, dass es auch einen Herrscher aushielt, der in zehn Jahren keine sechs Monate in England weilte: König Richard I. Nach einer außergewöhnlich pompösen Krönungsfeier im September 1189 verließ er die Insel vor dem Jahresende und ließ sich vier Jahre lang nicht mehr sehen. Nach Kämpfen in Frankreich, Kreuzfahrt ins Heilige Land und wenig ruhmvoller, dafür umso teurerer Gefangenschaft in Deutschland kehrte er noch einmal für zwei Monate nach England zurück (März – Mai 1194). Die folgenden Jahre hielten ihn wieder auf dem Kontinent fest, Burg um Burg erobernd, bis er im April 1199 in einer zweitrangigen Fehde bei Limoges einer Pfeilwunde erlag. Richard Löwenherz, mehr Haudegen und Abenteurer als umsichtiger Lenker seines Reiches, gilt nicht nur bei englischen Schulkindern bis heute als der strahlende Ritterkönig schlechthin, der gute König in böser Zeit.

Die Geschichten von Robin Hood und dem grausamen Sheriff von Nottingham erinnern daran. Sie sind zwar erst im späten Mittelalter entstanden und Robin Hood hat es wohl nie gegeben. Dennoch zeigen sie anschaulich, dass das englische Königtum, gerade weil es so effektiv und durchgreifend war, leicht zu Missbrauch führen konnte, wenn der König seine Macht ohne Rücksicht ausspielte. Um 1200 häuften sich die Klagen gegen König Johann, den Bruder und Nachfolger Richards. Mächtige Barone, vor allem aus Nordengland, verschworen sich gegen den König. Sie beriefen sich auf ihre Vasallenpflicht, dass gegen einen rechtsbrüchigen Herrscher Widerstand geboten sei. Im Mai 1215 kündigten etwa vierzig Barone mit ihren Gefolgschaften dem König den Treueid auf und griffen zu den Waffen. Johann konnte eine so massive Opposition nicht einfach ignorieren oder gewaltsam unterdrücken. In der *Magna Charta libertatum*, der »großen Urkunde der Freiheiten«, musste er ihnen die alten Adelsrechte zugestehen und sich selbst an das Recht binden. Ein Ausschuss aus 25 gewählten Baronen sollte die Einhaltung der Bestimmungen überwachen, den König bei Verstößen ermahnen und ihn notfalls mit Gewalt zur Wiedergutmachung zwingen (*Quelle* 5.4). Dies bedeutete, dass der König für sich selbst die Möglichkeit des Rechtsbruchs einräumte und für diesen Fall die Barone zum Widerstand gegen sich selbst verpflichtete. Das von den Baronen gegen den König beanspruchte feudale Widerstandsrecht wurde in der Magna Charta Königsgesetz.

Die Magna Charta von 1215 war ein wichtiger Meilenstein in der englischen Verfassungsgeschichte. Der Rat der Barone wurde im Laufe des 13. Jahrhunderts immer häufiger als *parliamentum* bezeichnet und zur dauernden Kontrollinstanz. Von hier führte der Weg zu den mittelalterlichen »Parlamenten«, in denen gewählte Vertreter der Barone, bald auch der Ritter und der Städte, die »Gesamtheit des Reiches« repräsentierten und mit dem König verhandelten. Grundlage war immer noch das feudale Adelsrecht. Aber indem es sich gegen den König behauptete, hatte es Entwicklungen angestoßen, die über das alte Standesgericht hinaus in das englische Parlament der Neuzeit wiesen.

Lehnrecht und Heilsmagie – das französische Königtum

Auch der König von Frankreich baute auf die Lehensherrschaft, allerdings auf ganz anderen Voraussetzungen als der englische Herrscher. Dieser hatte sich nach der Invasion 1066 das gesamte Inselreich nahezu ohne Widerstand aneignen können. Die Herrschaft des französischen Königs dagegen war noch um 1150 auf einen schmalen Landstreifen zwischen Paris und Orléans beschränkt. Diese Krondomäne war umgeben von weit mächtigeren Fürstentümern: Flandern, Champagne, Burgund, Poitou, Anjou, Normandie; allein das Herzogtum Normandie war an Fläche etwa doppelt so groß wie die Krondomäne. Nirgendwo ist der Dualismus zwischen König und Fürsten so unmittelbar am Kartenbild abzulesen wie in Frankreich (Abb. S. 94). Alle diese Herrschaften waren zwar formal seit der Karolingerzeit Lehen des Königs, faktisch aber regierten die Fürsten wie souveräne Herren.

Auf die enge territoriale und herrschaftliche Umklammerung gerade durch den englischen König wurde bereits hingewiesen. Sie schränkte die französische Krone zunächst empfindlich ein, gab aber längerfristig die entscheidenden Impulse zu ihrer Emanzipation. Die Ehe der Eleonore von Aquitanien mit Heinrich von Anjou, seit 1154 König von England, machte diesen zum »Supervasallen«, dessen Territorien von der Normandie bis zur Auvergne das Kronland von drei Seiten umschloss. Diese Machtkumulation in der Hand eines Fürsten, dazu noch eines »ausländischen« Königs, war nicht nur be-

Frankreich im 12./13. Jahrhundert: Krondomäne und Fürstentümer

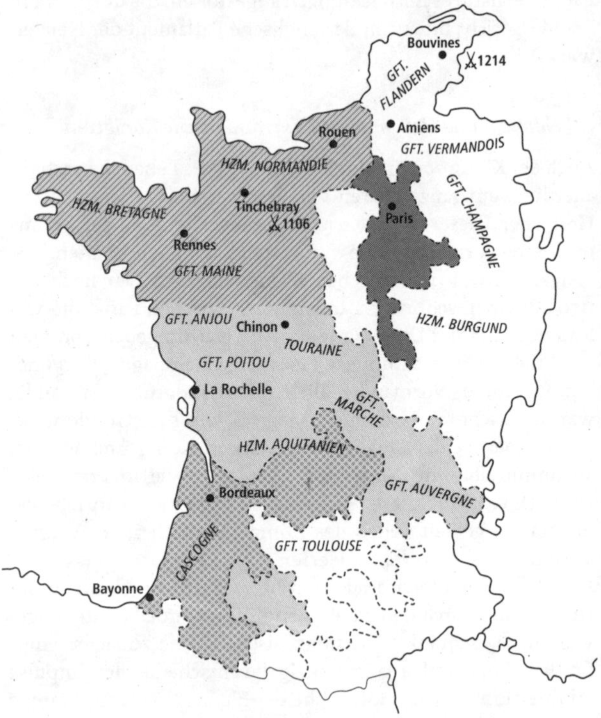

- Größte Ausdehnung des englischen Besitzes in Frankreich
- Verluste bis 1214
- Englischer Festlandsbesitz nach dem Frieden von Paris (1259)
- Französische Krondomäne

drohlich für den französischen König; sie brachte insgesamt das Kräfteverhältnis der großen Fürstentümer aus der Balance. Schon einmal hatte 30 Jahre zuvor eine ähnliche Situation die französischen Fürsten hinter ihrem König versammelt (*Quelle* 5.5). Als Kaiser Heinrich V. 1124 im Bündnis mit seinem englischen Schwiegervater Heinrich I. die Krondomäne bedrohte, sahen sich die Angreifer unerwartet nicht nur dem bescheidenen Aufgebot des Königs gegenüber. Ludwig VI. hatte sich in der Abtei Saint-Denis, der alten Grablege der merowingischen und karolingischen Könige, dem besonderen Schutz des hl. Dionysius anvertraut. Er hatte das Banner des Heiligen vom Altar aufgenommen und die Fürsten von ganz Frankreich zum Kampf aufgerufen. Der Herzog von Burgund, die Grafen von Blois, der Champagne, Nevers, Vermandois und Flandern erschienen mit ihren Rittern, so dass die Gegner angesichts solcher Übermacht den Feldzug abbrachen. Die Einzelinteressen der Fürsten waren hinter Vorstellungen von einem übergeordneten Reich mit dem König an der Spitze zurückgetreten. Ob man dies schon als frühen Ausdruck eines französischen Nationalgefühls werten soll – freilich nur erst auf der Ebene von König und Fürsten, nicht des Volkes –, sei dahingestellt. Der Vorfall zeigt immerhin, welche Integrationskraft das Königtum trotz beschränkter Machtmittel in Krisenzeiten entfalten konnte.

Nicht dass es wegen der normannischen Großmachtbildung zu einer spontanen Sammlungsbewegung der Fürsten unter dem Banner Ludwigs VII. gekommen wäre. Aber jetzt setzte ein Prozess ein, der die Fürsten nach und nach dem Lehnrecht unterstellte und sie am Ende – ähnlich wie in England – zu Baronen des Königs machte. Mehrere Faktoren wirkten zusammen, und manches kam dem König zugute, weil es einfach dem »Zeitgeist« entsprach: Die ritterlichen Ideale machten im 12. Jahrhundert den Dienst auch für Fürsten akzeptabel; die

Gottesfriedensbewegung verpflichtete den Adel zum Verzicht auf gewaltsame Selbsthilfe und zur friedlichen Regelung von Rechtsstreitigkeiten. Als Richter aber bot sich der König an, zumal er gegenüber den Kronvasallen immer noch mit bestehenden, wenn auch bisher meist vernachlässigten Ansprüchen als Oberlehensherr auftreten konnte.

Es kam darauf an, ob der König seine Ansprüche in praktisch wirksames Recht umsetzen konnte. Zunächst boten ihm nur Klagen von Kirchen, Erbstreitigkeiten in einem Fürstenhaus oder persönliche Heirat mit einer fürstlichen Erbtochter (wie 1160 mit Adela von Champagne, 1180 mit Elisabeth von Hennegau/Flandern) die Chance, sich außerhalb des Kronlandes einzuschalten. Philipp II. gelang es, die Kompetenzen des Königsgerichts systematisch auszubauen und für die Krone zu nutzen. Ein Testfall war der Lehensprozess gegen König Johann von England: Als die Herren von Lusignan vor dem Pariser Hof Klage gegen Johann, als Graf von Poitou Lehensherr der Lusignans, erhoben, appellierten sie an den König als dessen Oberlehensherrn. Mehrfache Ladungen ließ Johann verstreichen (in ähnlicher Fehleinschätzung der Lage wie 1180 Heinrich der Löwe), so dass ein lehnrechtliches Verfahren gegen ihn eröffnet wurde. Jetzt ging es um sämtliche Kronlehen. Ein Säumnisurteil erkannte Johann tatsächlich alle französischen Lehen ab (1202); mit der militärischen Vollstreckung des Urteils fielen die Normandie (1204), Maine, Anjou und Touraine an den König von Frankreich zurück. Im Prozess gegen Johann von England (jetzt John »Lackland« / Johann »Ohneland«) erschien das neue Selbstbewusstsein der französischen Monarchie im vollen Licht. Es sollte 1214 noch einmal eine Steigerung erfahren: In der Schlacht von Bouvines besiegte der französische König die vereinigten Heere Johanns von England und Kaiser Ottos IV. Frankreich war nun zur europäischen Großmacht aufgestiegen; König Philipp II. schmückte sich nach Art der antiken Caesaren – und in unverblümter Konkurrenz zum römisch-deutschen Kaiser – mit dem Beinamen »Augustus«.

Im Grunde war nichts anderes geschehen, als dass längst bestehendes Recht – Lehnrecht – konsequent angewandt wurde. Dazu aber bedurfte es außer der realen Macht eines funktionierenden Apparates in der Hand des Königs. Seit etwa 1200 wurden Urkunden und Akten der laufenden Regierungsgeschäfte systematisch in einem Hofarchiv gesammelt; dies begleitete nicht mehr den König auf seinen Reisen, so dass es ständig gefährdet war, sondern wurde sicher am Pariser Hof verwahrt. Es war die wichtigste Grundlage zum Nachweis königlicher Ansprüche, insbesondere für die enorm lukrativen Erbfälle (König Johann zahlte für seine Kronlehen 20 000, der Graf von Flandern 5000 Pfund Silber). Grundsätzlich bestand der König bei jeder Lehenshuldigung auf dem Treuevorbehalt (*ligesse*), d. h. die Lehenspflicht gegenüber dem König brach alle anderen Rechtspflichten; dies wurde jeweils in einer besiegelten Urkunde festgehalten und im Archiv registriert. Beauftragte des Königs mit richterlichen und administrativen Vollmachten, auch mit Polizeigewalt waren die *baillis* (in manchen Grafschaften unter der alten Bezeichnung *sénéchal*). Sie waren in etwa mit den englischen Reiserichtern zu vergleichen, hatten aber feste Amtsbezirke (*baillages*), und wie diese die Sheriffs, kontrollierten auch sie die lokalen königlichen Amtsträger (*prévôts*). *Prévôts* und *baillis* nahmen nicht nur im Namen des Königs die Gerichtsbarkeit vor Ort wahr, sie überwachten zugleich die Einkünfte des Königs aus Kronvermögen, Lehenserträgen, Rechtsfällen und sonstigen Quellen sowie deren termingerechten Eingang am Hofe.

Verwaltung, Gericht und Finanzwesen waren ganz auf die Person des Königs konzentriert und auch lokal an den Hof in Paris gebunden. Deutlicher als Westminster (nicht die Stadt

London!) für das englische Königreich, hob sich bereits im 12. Jahrhundert Paris als Hauptstadt Frankreichs ab. Die Lehensherrschaft des französischen Königs war von rechtskundigen Hofberatern theoretisch begründet und zu einem wirksamen Instrument ausgearbeitet worden. »Der König ist Kaiser in seinem eigenen Reich« (*rex imperator in regno suo*), lautete die französische Rechtsauffassung. Dass sie in der Praxis funktionieren konnte, zeugt von der Rechtskultur des hohen Mittelalters. Die auf äußere Machtmittel gestützte Fürstengewalt wurde durch allgemein akzeptierte, schriftlich niedergelegte und dadurch nachweisbare Rechtsnormen eingeschränkt. Auf dem Weg zum Staat war die Feder auf Dauer wirksamer als das Schwert.

Allerdings kann der Aufstieg des französischen Königtums im 12. Jahrhundert nicht allein mit dem (modern wirkenden) Rationalismus seines Rechtssystems erklärt werden. Die besonderen Beziehungen der Könige zum hl. Dionysius (Saint-Denis) und zu den Karolingern sind bereits deutlich geworden. Wie sehr sich die Könige des hohen Mittelalters mit Karl dem Großen identifizierten, zeigen ihre Insignien: Das Dionysius-Banner, welches 1124 die Fürsten zur Gefolgschaft ihres Königs gerufen hatte, wurde später (erstmals 1184 bezeugt) mit der legendären »Oriflamme«, der goldflammenden Fahne Karls des Großen (*aurea flamma, orie flambe*), gleichgesetzt; das Schwert, das bei der Ritterweihe des Königs unmittelbar vor der Krönung benutzt wurde, verstand man seit der zweiten Hälfte des 13. Jahrhunderts als die »Joiuse«, das Schwert Karls des Großen aus dem *Rolandslied*. Auch mit dem Frankennamen, den er als *rex Francorum* im Titel führte, beschwor der König von Frankreich gewissermaßen seinen Alleinanspruch auf die Nachfolge der Karolinger. Man griff sogar noch weiter zurück: Im 12. Jahrhundert tauchte die alte Legende wieder auf, der Frankenkönig Chlodwig sei bei seiner Taufe

(498) vom Bischof Remigius mit einem heiligen Öl gesalbt worden, das damals eine Taube in einer Ampulle vom Himmel gebracht habe und das seither im Remigius-Kloster (Saint-Rémis) bei Reims aufbewahrt würde. Bei der Krönung Ludwigs VII. 1131 hören wir erstmals von diesem Himmelsöl, und seit 1223 gehörte es zum Krönungszeremoniell, dass ein Tropfen aus der Remigius-Ampulle dem normalen Chrisam beigemischt wurde, mit dem der Erzbischof von Reims den König salbte. Jetzt wurde das Himmelsöl auch mit dem schon früher bezeugten Glauben an die Heilkraft des Königs in Verbindung gebracht (insbesondere bei Skrofeln, einer mit Schwellungen und Ekzemen einhergehenden Entzündung des Lymphsystems).

Karlstradition, Remigiuskult und Heilsmagie formten zusammen einen Königsmythos, der den französischen Herrscher vor den anderen Königen Europas auszeichnete. Dass dieser Mythos sich in genau demselben Moment entfaltete, als dieselben Herrscher Frankreich zu einem quasi-staatlichen Herrschaftsgefüge mit rationalen Rechts- und Verwaltungsstrukturen umzubauen begannen, erscheint dem heutigen Betrachter widersprüchlich. Damals überzeugte das »Modell« selbst ausländische Beobachter. Zum Besuch Heinrichs III. von England bei Ludwig IX. (dem Heiligen) 1254 notierte der englische Chronist Matthaeus Parisiensis, der Franzose habe beim Festbankett selbstverständlich den Ehrenplatz zwischen den Königen von England und Navarra eingenommen, denn der König von Frankreich sei »König der irdischen Könige« (*terrestrium rex regum*), und zwar wegen seiner Macht, ganz besonders aber wegen seiner himmlischen Salbung.

Wir wissen nicht in jedem Falle, ob und inwieweit die strukturellen Unterschiede zwischen den Reichen den Zeitgenossen bewusst geworden sind. In der Regel interessierten sie sich mehr für die Herrscher und ihre persönlichen Leistungen als für die Strukturen der Herrschaft. Das deutsche Wahlreich aber, schon für Otto von Freising ein Unikum (vgl. oben S. 36), war den ausländischen Chronisten doch zu befremdlich, um nicht kommentiert zu werden. Der Engländer Matthaeus Parisiensis legte einer französischen Gesandtschaft vor dem Kaiser Friedrich II. die folgenden Worte in den Mund: »Wir glauben, dass unser Herr, der König von Frankreich, den die Abstammung von königlichem Blut erhoben hat, das Zepter der Franken zu führen, jeden Kaiser überragt, den allein die Willkür einer Wahl dazu macht.«

Warum menschliche Wahl zu einem besseren Ergebnis führen sollte als die göttliche Bestimmung durch die Geburt, war ihnen um so weniger verständlich, als die Folgen nicht zu übersehen waren: Wenn die Nachfolge bei jedem Herrschertod wieder offen war, förderte dies die Abhängigkeit von den Fürsten; bei strittiger Wahl mussten oftmals die Waffen entscheiden, so dass bei jeder Thronfolge Bürgerkrieg drohte. Die Königswahl war gegenüber der Erbfolge selten das vernünftigere oder friedlichere Prinzip.

Die Weichenstellungen des Mittelalters – hier Erbreich und königlicher Zentralismus, dort Wahlreich, regionale Zersplitterung und fürstlicher Partikularismus – haben bis weit in die Neuzeit Richtungen vorgegeben. So kann man mit gewissem Recht die »Kleinstaaterei« im Deutschen Reich darauf zurückführen, und mithin auch die gegenüber England und Frankreich verspätete Entwicklung eines deutschen Nationalstaats.

II Kontroversen

1. Herrschertalent ohne Zukunft? – Friedrich Barbarossa

Da Herrschaft im Mittelalter auf persönlichen Bindungen, kaum auf Institutionen beruhte, hing ihre Leistungsfähigkeit von der Leistung der Herrscher ab. Die Bewertung mittelalterlicher Herrschaft läuft damit stets auf ein Urteil über die Herrscher hinaus. Als Paradebeispiel können – zumindest für die deutsche Geschichtsschreibung – die Stauferkaiser gelten.

Schon im 19. Jahrhundert schieden sich an ihnen die Geister. Nach den Napoleonischen Kriegen regte sich in Deutschland die Sehnsucht nach nationaler Einheit. Das mittelalterliche Kaiserreich, insbesondere das Reich der Staufer, verkörperte für viele das Ziel ihrer politischen Hoffnungen. Friedrich I. Barbarossa war die Lichtgestalt des starken Friedenskaisers. Nach einer populären Sage war er nicht gestorben, sondern schlummerte entrückt im Berg Kyffhäuser, bis er dereinst mit dem wieder erstandenen Reich aufstehen werde. So hat ihn der Dichter Friedrich Rückert verewigt (1816): »Er hat hinabgenommen / Des Reiches Herrlichkeit / Und wird einst wiederkommen / Mit ihm, zu seiner Zeit.« Nach der Reichsgründung 1871 wurde Kaiser Wilhelm I. in Anspielung auf den großen Vorgänger Barbarossa (»Rotbart«) als *Barbablanca* (»Weißbart«) gefeiert.

Andere wie der Historiker Heinrich von Sybel (1817–1895) sahen durch das mittelalterliche Kaisertum, indem es »fortdauernd die Tendenz einer theokratischen Weltherrschaft verfolgt« habe, deutsche »nationale Interessen« geradezu »beschädigt«. Viel eher als Barbarossa und die Mehrheit der Kaiser habe Heinrich der Löwe mit seinem Ausgreifen nach Osten »auf erreichbare Ziele [...] den nationalen Bedürfnissen entsprochen«.[1] Von hier führte eine unheilvolle Argumentationslinie zur »Lebensraum«-Politik im Dritten Reich. Es ist kein Zufall, dass die NS-Propaganda sich stärker auf Heinrich den Löwen als auf den Stauferkaiser berief, auch wenn der Überfall auf die Sowjetunion 1941 unter dem Codenamen »Barbarossa« lief.

Auch die moderne Forschung tut sich schwer mit Friedrich Barbarossa. Der Wiener Historiker Ferdinand Opll (geb. 1950) bewundert in seiner Biografie des Stauferkaisers sein »ungemein politisches Talent«: »Das Eingehen von Bündnissen mit Gegnern der Gegner, Diplomatie in reinster Vollendung, beherrschte das kunstvolle Gebäude der staufischen ›Außenpolitik‹. Dem Einsatz militärischer Mittel der Reichsgewalt selbst kam dagegen in der Regel nur untergeordnete Bedeutung zu.«[2] Barbarossas Fähigkeit zum Konsens und Kompromiss (mit den Fürsten, den Städten, dem Papst und anderen auswärtigen Mächten) ziehe sich wie ein roter Faden durch seine Herrschaft. Zukunftsweisend sei die Herrschaftskonzeption des Staufers gewesen: »Der Rückgriff auf die spätantiken Traditionen des ›heiligen Reiches‹ (*sacrum imperium*), zugleich das geschickte Aufgreifen der in Italien aufblühenden Ideenwelt des römischen Rechts schufen nämlich auch im Hinblick auf das Verhältnis zum Papsttum neue Argumentationsgrundlagen, sicherten und stärkten die Position des gleichsam sakralisierten Reiches und seines Regenten.«[3]

Andere Forscher ziehen eine differenziertere Bilanz der staufischen Herrschaft. Im Vergleich mit den westeuropä-

1 Heinrich von Sybel, *Die Deutsche Nation und das Kaiserreich. Eine historisch-politische Abhandlung*, Düsseldorf 1862, S. V.

2 Ferdinand Opll, *Friedrich Barbarossa*, 4. Aufl., Darmstadt 2009, S. 298.

3 Opll, *Friedrich Barbarossa*, S. 303.

ischen Reichen schnitt das Stauferreich schlecht ab; die großen politischen und kulturellen Umbrüche ihrer Zeit hätten die Staufer geradezu verschlafen, wenn nicht gar behindert. »Die staufischen Könige und Kaiser hatten die rapiden Umbrüche an der Wende vom Hoch- zum Spätmittelalter nicht für sich zu nutzen verstanden, sie nicht ›innovativ‹ gestaltet, sie sogar mit traditionalen Herrschafts- und Handlungsmustern bekämpft. Die Potentiale der neuen europäischen Rechtswissenschaft oder die explosive Kraft der oberitalienischen Kommunen wurden von den staufischen Herrschern ebenso wenig in ihrer Zukunftsfähigkeit gewürdigt wie die plurale Bühne der europäischen Reiche und Nationen als System gleichrangiger ›Mitspieler‹.«[4] Für den Heidelberger Historiker Bernd Schneidmüller (geb. 1954) vollzogen sich die Innovationen des 12. und 13. Jahrhunderts ohne Beteiligung, ja sogar als Gegenentwurf zur Politik des »noch immer imperial auftretenden Herrschergeschlechts« der Staufer.

Noch entschiedener urteilt Johannes Fried (geb. 1942), Professor für mittelalterliche Geschichte in Frankfurt. Auch er markiert den Gegensatz zwischen den westlichen Reichen mit deutlichen Ansätzen zu moderner Staatlichkeit und dem Stauferreich; hier hätten andere strukturelle Bedingungen, aber eben auch die Politik der Herrscher solche Ansätze gehemmt. Eine Hauptschuld träfe Friedrich Barbarossa: Sein Königtum »setzte eher auf Gewalt denn auf Diplomatie, auf Expansion, nicht auf Integration, auf einen antiquierten ›Imperialismus‹

4 Bernd Schneidmüller, »Die Staufer und Italien – oder: Drei europäische Innovationsregionen. Ein Schlusswort«, in: Bernd Schneidmüller / Stefan Weinfurter / Alfried Wieczorek (Hrsg.), *Verwandlungen des Stauferreichs. Drei Innovationsregionen im mittelalterlichen Europa*, Darmstadt 2010, S. 478 f.

und nicht auf die Gleichheit der Könige, und es trieb die latenten Spannungen mit dem Papsttum in offene Auseinandersetzung, in Verfolgung und Krieg. Der Staufer schlug damit eine Politik ein, die zuletzt, nachdem sein Sohn und Enkel die gewiesene Bahn nicht mehr verließen, das Reich an den Rand des Untergangs brachte und die deutsche Kleinstaaterei besiegelte.«[5] Vom »Schimmer antiker Kaiserherrlichkeit« geblendet, sei Barbarossa mit blutiger Konsequenz »überholten Ideen« nachgejagt und habe dadurch »dem Ansehen der Deutschen in der lateinischen Christenheit schwer geschadet. [...] Die unselige Kaiserpolitik hat alles, was der Stärkung der Krone, des Reiches, des transpersonalen Verbandes hätte dienen können, wieder in Frage gestellt und ihre Folgen haben alles vernichtet.«[6]

Das römisch-deutsche Kaiserreich war zweifellos ein Unikum im Konzert der Mächte und wurde auch schon von den Zeitgenossen so wahrgenommen. Wie groß aber war der Handlungsspielraum jedes einzelnen Herrschers? Hatte er eine realistische Alternative zur »Kaiserpolitik«? Wie auch immer: Ein Urteil darüber sollte nicht aus der Kenntnis späterer Erfahrungen und Entwicklungen gefällt werden.

2. Warum Europa? – Wirkungen mittelalterlicher Herrschaft

Diskussionen um das politische Zusammenwachsen der europäischen Staaten lassen auch die Mittelalter-Forschung nicht unberührt. Historiker fragen, welchen Anteil das Mittelalter an der Bildung Europas hatte. Schließlich wird alljährlich in

5 Johannes Fried, *Das Mittelalter. Geschichte und Kultur*, 3. Aufl. München 2009, S. 238.

6 Fried, *Mittelalter*, S. 239 und S. 243 f.

Aachen, der Stadt Karls des Großen, der »Internationale Karlspreis« an eine Persönlichkeit des öffentlichen Lebens verliehen, die sich um Europa verdient gemacht hat. Inwiefern also haben die Herrschaften und Reiche des Mittelalters das moderne Europa geformt?

Unter der Frage »Warum Europa?« untersuchte der österreichische Wirtschafts- und Sozialhistoriker Michael Mitterauer (geb. 1937) die Bedingungsfaktoren, denen Europa sein besonderes Gepräge verdankt und wodurch es sich von den arabischen und asiatischen Kulturräumen abhebt. Entscheidende Weichenstellungen fand er unter anderem in der mittelalterlichen Herrschaftsgeschichte. »Vom Lehenwesen geprägte Herrschaftsordnungen haben sich im Verlauf des Mittelalters in den meisten Regionen Europas durchgesetzt.«[7] Das Lehenswesen mit der Pflicht zu gegenseitiger Treue zwischen Lehensherrn und Lehensmann, insbesondere zwischen König und Fürsten, zu »Rat und Hilfe« seitens der Vasallen, zur Achtung des Fürstenrates seitens des Königs bildete früh Traditionen der Mitbestimmung aus. Mitterauer zieht eine Entwicklungslinie vom Lehenswesen zum modernen Parlamentarismus: »Die intensiven Loyalitätsbeziehungen, die die europäische Staatlichkeit der Moderne charakterisieren, sind nicht gegen, sondern auf der Grundlage von Lehensbeziehungen aufgebaut worden. […] Die wichtigste Auswirkung des europäischen Sonderwegs von Lehenswesen und Ständeverfassung war sicher die Entwicklung der parlamentarischen Demokratie.« Freilich liegen »keine ungebrochenen Kontinuitätslinien« zwischen den mittelalterlichen Reichen und den Staaten Europas (abgesehen vielleicht von England). Aber dennoch: »Der Absolutismus als Gegenbewegung hat das

7 Michael Mitterauer, *Warum Europa? Mittelalterliche Grundlagen eines Sonderwegs*, München 2003, S. 109.

Prinzip der kontrollierten Fürstengewalt nicht zu verdrängen vermocht.«[8]

Wesentlichen Anteil am »europäischen Sonderweg« habe die hochmittelalterliche Papstkirche, wie sie sich in Auseinandersetzung mit den weltlichen Herrschaften und in Abgrenzung von ihnen ausbildete: »Unter den verschiedenen christlichen Kirchen nimmt sie eine einmalige Stellung ein. Für das Verständnis der Genese Europas ist sie essenziell.«[9] Die lateinische Kirche gab Europa die einheitliche Liturgiesprache Latein, die zugleich Verkehrs- und Wissenschaftssprache wurde. Ihre Konzilien, in denen die einflussreichsten Köpfe der westlichen Christenheit verhandelten, waren gesamteuropäische Plattformen der Repräsentation und der politischen Willensbildung. Vor allem aber betrieb die Papstkirche seit dem 11. Jahrhundert die Trennung von geistlicher und weltlicher Gewalt, »ohne die weder die zukünftigen ›Freiheiten‹ und die grundsätzliche Emanzipation der ›Gesellschaft‹ noch die späteren Nationalstaaten, die Renaissance oder die Reformation vorstellbar sind«.[10] Sämtliche Phänomene, die Europa ausmachen (Aufklärung und Machtkontrolle, Sozialdisziplinierung und Individualisierung, Universitäten und säkularisierte Wissenschaft), »haben – mehr oder minder vermittelt – ihren Ursprung in der Papstkirche des Mittelalters«.[11]

Die Rahmenbedingungen mittelalterlicher Herrschaft sind auch für Johannes Fried spezifische Strukturmerkmale Europas. Doch stärker als der Sozialhistoriker Mitterauer veranschlagt er die geistige Dynamik im Entstehungsprozess Europas und noch darüber hinaus für die Europäisierung der Welt.

8 Mitterauer, *Warum Europa?*, S. 149 f.
9 Mitterauer, *Warum Europa?*, S. 151.
10 Mitterauer, *Warum Europa?*, S. 293.
11 Mitterauer, *Warum Europa?*, S. 198.

Die Mönche des frühen Mittelalters und die Gelehrten des 12. und 13. Jahrhunderts haben das Wissen der Antike bewahrt, neu entdeckt, umgeformt und fruchtbar gemacht. Die »Dynamisierung in Denken, Glauben und Experimentieren« war zunächst religiös motiviert, um die göttliche Wahrheit zu ergründen, wurde aber bald in den Universitäten und an den Höfen säkularisiert und der Welt zugewandt. »Die Wirkungen und Folgen dieser mittelalterlichen Wellen des Lernens und Forschens, Beobachtens, Nachdenkens und Experimentierens sind noch heute mit Händen zu greifen. Das Leitbild der Wissenschaft, die abendländische Vernunftkultur, die Aufklärung, der Globalisierungseffekt verdanken sich nicht zuletzt, ja, zu allererst ihnen.«[12]

Vielleicht die nachhaltigste zukunftweisende Errungenschaft des europäischen Mittelalters ist die Freiheit, »politische, soziale und Gedankenfreiheit«: »In der Auseinandersetzung zwischen Papst und Kaiser, der geistlichen und der weltlichen Gewalt, zwischen Stadtherr und Bürgerschaft, zwischen Grundherr und Dorfgemeinde« wuchs ein »Großteil jener Freiheitsrechte, die Jahrhunderte später als allgemeine Menschenrechte geltend gemacht wurden«.[13] Sie wuchsen in Europa aus mittelalterlichen Wurzeln und eben nicht in den islamischen Reichen und nicht in China. Fried fasst zusammen (jetzt auf einer Linie mit Mitterauer): »Die geistige und kulturelle Einheit Europas, die Einheit der vielen Königreiche und Nationen, sah sich im Mittelalter grundgelegt. Es war – suchend, drängend, expandierend – eine der unruhigsten, innovativsten Perioden der europäischen Geschichte.«[14] Mit seinen politischen und geistigen Weichenstellungen wies das Mittelalter

12 Fried, *Mittelalter*, S. 547.
13 Fried, *Mittelalter*, S. 554f.
14 Fried, *Mittelalter*, S. 558.

»Wege in eine vernunftbetonte Zukunft«; es war »Aufbruch und Fortschreiten zur Moderne«[15] – und mithin alles andere als »finster«!

Das kontrastierende Mittelalter-Bild Frieds und besonders Mitterauers findet unter Fachkollegen nicht ungeteilte Zustimmung; manchem erscheint das okzidentale Europa-Konzept gar als Ausdruck einer diffusen »Alteuropa-Nostalgie«. »Wie viel gelehrtes antikes, arabisches und fernöstliches Wissen und Denkgebaren, welches Bündel an neuartigen Lebensmitteln, Textilien, Instrumenten, Herstellungsverfahren im Laufe des Mittelalters in den Westen eingesickert ist oder von ihm programmatisch übernommen wurde«, dies alles ignoriere der kontrastierende Vergleich, kritisiert Ludolf Kuchenbuch (geb. 1939). »Dabei sollten auch die Gemeinden der jüdischen Diaspora als interne, unter ständiger Bedrohung existierende Kontrastsozietäten ihren Platz haben ebenso wie die für die okzidentale Wissensgeschichte so folgenreiche südiberische Symbiose islamischer, jüdischer und christlicher Gelehrsamkeit.«[16] Kuchenbuch verweist auf die Vielfalt west-östlicher Erfahrung, die zeige, »wie schnell sich die Grenzen eines *katholisch* verstandenen Okzidents im Mittelalter aufweichen«.[17] Europa war nie ein hermetischer Raum, auch im Mittelalter nicht. Seine geistigen und politischen Konturen formte es nicht allein aus sich selbst heraus, sondern im unermüdlichen, lebendigen Austausch mit seinen Nachbarn.

15 Fried, ebd.

16 Ludolf Kuchenbuch, »Kontrastierter Okzident«, in: Jürgen Osterhammel (Hrsg.), *Weltgeschichte* (Basistexte Geschichte 4), Stuttgart 2008, S. 121–140, hier S. 139.

17 Kuchenbuch, »Kontrastierter Okzident«, S. 139 f.

III Quellen

1. Herren und Hörige

1.1
Grundherrschaft der Abtei Saint-Germain-des-Prés

*Das Güterverzeichnis der Abtei nennt 25 Güter (*villae*) mit ihren Ländereien und den darauf lebenden »Kolonen« (halbfreie Bauern) und Hörigen. Die gesamte Grundherrschaft umfasst über 30 000 ha Land und 1600 Familien (rund 10 000 Personen). Als Beispiel ist die Aufzeichnung für das Gut Palaiseau (etwa 20 km südwestlich der Abtei) in Auszügen abgedruckt: Hier leben rund 500 Menschen auf 117 Bauernstellen (Hufen). Zu Palaiseau gehören außer den bäuerlichen Hufen noch etwa 500 ha Herrenland (Ackerland, Weinberge, Wiesen, Wald). Die Flächenmaße sind nur ungefähr zu bestimmen. Der Unterschied zwischen »freien« und »unfreien« Hufen ist unklar. 820–829.*

Aufzeichnung über Palaiseau

Es gibt in Palaiseau einen Herrenhof mit einem Haus und Nebengebäuden in ausreichender Zahl. Es gibt dort sechs Felder bebaubaren Landes; das sind 287 Morgen [1 Morgen ≈ 1,4 ha]; es können dort 1300 Malter Getreide gesät werden. Weinland gibt es 127 *aripenna* [1 *aripennum* ≈ 12 a]; davon können 800 Fässer Wein gewonnen werden. Es gibt 100 *aripenna* Wiese, die 150 Wagen Heu erbringen. Die Waldfläche wird auf 1 *leuga* im Umkreis [≈ 100 ha] geschätzt, so dass dort 50 Schweine gemästet werden können. Es gibt drei Mühlen; sie erbringen einen Zins von 154 Malter Korn. […]

Walafred, Kolone und Verwalter, und seine Frau, ebenfalls Kolonin, mit Namen Eudimia, Angehörige des heiligen Germanus, haben bei sich [im Haushalt] zwei Kinder, Walahild und Leutgard. Er hält zwei freie Hufen, bestehend aus 7 Morgen Ackerland, 6 *aripenna* Weinland, 4 *aripenna* Wiese. Er entrichtet für jede Hufe in einem Jahr einen Ochsen, im andern Jahr ein Schwein, zur Ablösung vom Holzschlag 4 Denare, für die Weideerlaubnis 2 Fässer Wein, ein Mutterschaf mit einem Lamm. Er bestellt zur Winteraussaat 4 *perticae* [1 *pertica* ≈ 3,5 a], im Frühjahr 2 *perticae*; ferner leistet er Spanndienste, Fuhrdienste, Handdienste, Schlagdienst, soviel ihm befohlen wird. Ferner 3 Hühner, 15 Eier.

Hairmund, Kolone, und seine Frau Haldrada, Kolonin, Angehörige des hl. Germanus, haben fünf Kinder, Elisom, Hildegaud, Eliseus, Teudhildis, Hairiveo. Er hält eine freie Hufe mit 10 Morgen Ackerland, 2 *aripenna* Weinland, 1½ *aripenna* Wiese. Dieselbe Leistung.

[*Es folgen 109 weitere Kolonenfamilien mit entsprechenden Ausstattungen und Leistungen.*]

Der Hörige Maurus und seine freie Frau Aclehild, Angehörige des hl. Germanus, haben bei sich zwei Kinder, Aldeberga und Amaltrud; Guntold, Kolone des hl. Germanus. Diese beiden halten eine unfreie Hufe mit zwei Morgen Ackerland, 2½ *aripenna* Weinland, 1½ *aripenna* Wiese. Sie bestellen 8 *aripenna* Weinland; sie entrichten für Weideerlaubnis 4 Fässer Wein, 2 Sester Senf, 3 Hühner, 15 Eier; Handdienste, Spanndienste, Fuhrdienste. [...]

[*Es folgen 5 weitere Kolonen- und Hörigenfamilien sowie die Namen von 26 Leibeigenen ohne Bauernstellen.*]

Es gibt in Palaiseau 108 freie Hufen. Sie stellen jährlich sechs Wagen für das Heer und erbringen in jedem dritten Jahr 108 Schweine, in jedem zweiten Jahr 108 Schafe mit Lämmern, ferner 240 Fässer Wein für Weideerlaubnis, 35 Silberschillinge für den Holzschlag, 350 Hühner, 1750 Eier, 9 Schillinge Kopfzins. Es sind freie, ledige und unfreie zusammengenommen 117 Hufen.

D: Hägermann 1993, S. 5 und S. 16 f. [Übers. von A. Bühler.]

1.2
Flucht in die Unfreiheit

Karl der Große verbietet den Eintritt in grundherrliche Abhängigkeit aus unlauteren Motiven oder unter Zwang. Um 805.

Die Freien, die sich dem Dienst für Gott hingeben wollen, sollen dies nicht tun, ohne uns um Erlaubnis gebeten zu haben. Dies verbieten wir deshalb, weil wir gehört haben, dass manche nicht von Frömmigkeit geleitet waren, sondern sich dem Kriegsdienst oder einem anderen Königsdienst entziehen wollten. Manche wurden auch aus Habgier von Leuten bedrängt, die ihre Güter haben wollten, wie wir gehört haben, und daher verbieten wir, dass dies geschieht.

Über die Bedrückung der armen Freien: Sie dürfen nicht von den mächtigen Herren in böser Absicht und wider das Recht bedrängt werden, so dass sie gezwungenermaßen ihre Güter verkaufen und übergeben. Deshalb haben wir schon früher bezüglich der Freien bestimmt und bestimmen jetzt noch einmal, dass die Eltern nicht unrechtmäßig ihres erblichen Besitzes beraubt werden dürfen, damit der Königsdienst nicht geschmälert wird und ihre Erben nicht aus Not zu Bettlern oder Räubern oder sonstigen Verbrechern gemacht werden.

D: Boretius 1883, S. 125. [Übers. von A. Bühler.]

2. Fürsten und Ritter

2.1
Adeliger Lebensstil

Die »Geschichte der Welfen« berichtet von aufwendiger Lebensführung und Hofhaltung des Herzogs Welf VI. Sie entspricht den Konventionen fürstlichen Lebens im hohen Mittelalter. Um 1200.

Da der ältere Welf nach dem Tod des Sohnes von seiner Ehefrau keinen Erben mehr erwarten konnte und er jene wenig liebte und sich mehr an den Umarmungen anderer Frauen erfreute, bemühte er sich also, in allem festlich zu leben, sich der Jagd hinzugeben, eifrig Trinkgelagen und der Wollust zu frönen und in der Ausrichtung von Festen und mit verschiedenen Schenkungen großartig zu erscheinen. Damit ihm für diese Dinge nicht weniger Geld zur Verfügung stünde, übergab er das Fürstentum Sardinien, das Herzogtum Spoleto, die Markgrafschaft Tuszien und den vorzüglichen Hof Elisina, der die Heimat der Herrin Mathilde sein soll, mit seinem Zubehör dem Kaiser Friedrich, dem Sohn seiner Schwester, nachdem er die Summe an Gold und Silber erhalten hatte, die er gefordert hatte. Einen großen Teil dieses Geldes verschenkte er zu seinem Seelenheil an verschiedene Klöster. Am meisten jedoch übertrug er der Kirche Steingaden, die er gegründet hatte.

[...] Er ließ damals von seinem früheren aufwendigen Lebenswandel bei fortwährenden Ausgaben nicht oder nur wenig ab; denn er bot wunderschöne Waffen und kostbare Kleider den Rittern und Genossen seines Hofes zu passender Gelegenheit dar, begünstigte Geächtete und woher nur immer zu ihm Geflüchtete auf besonders gütige Weise und verschleuderte vieles aus Liebe zu Frauen; aber nicht weniger bemühte er sich um Almosen, tief betroffen hegte er Sorge um die Armen und besonders um die Blinden und Leprösen. Was mehr? Je mehr er sich freilich bemühte auszugeben, desto mehr geruhte Gott, ihm zu geben. Um es angemessen zu sagen: dieser war ein Mensch, dem das Glück nicht mit blinden, sondern mit offenen Augen zulächelte. Endlich schlug der Vater des Mitleids, der jeden Sohn geißelt, den er empfangen will, auch ihn, als er schon die Grenze zum Greisenalter überschritten hatte, mit Blindheit. Diese Geißel ertrug er so geduldig und ehrenhaft, daß es nur von wenigen geglaubt werden konnte. Seitdem strebte er mehr nach Almosen, der gewohnten Vergnügungen enthielt er sich, seine Wollust ersetzte er durch Mäßigung und trachtete danach, die Geistlichen, aber besonders den Ort Steingaden mit großer Hingabe zu unterstützen. Auch mit seiner Gattin Uta, der edelsten und keuschesten Frau, die er von jenseits der Schwäbischen Alb zu sich gerufen hatte, versöhnte er sich und beschloß so schließlich in Memmingen, wo er oft verweilte, von einer schweren Krankheit befallen, im Alter von 76 Jahren seinen letzten Tag in tiefer Reue.

D: Becher 2007, S. 87–91. –

2.2
Soziale Spannungen in der Grundherrschaft

Ekkehard IV., Mönch und Chronist des Klosters St. Gallen, berichtet über Missstände in der Zeit des Abtes Hartmann (gest. 925): Manche Verwalter der Klostergüter bereicherten sich auf Kosten der Abtei. Um 1050.

Hartmann aber starb zum größten Jammer der Unsrigen, nachdem er nur wenige Jahre regiert hatte. Und da er beharrlich der Zucht der Väter anhing und unermüdlich die Wissenschaft lehrte, ließ er unser Kloster in höchstem Ansehen zurück, abgesehen davon, daß er den Leuten, die unsere Ländereien bebauten und unseren weltlichen Besitz verwalteten, nicht ohne Schaden für St. Gallen zu wenig scharf auf die Finger sah. Tatsächlich war er allein um die innere Führung des Klosters besorgt; und die Frömmigkeit, die er lehrte, wahrten in heiliger Einfalt die Pröpste auch draußen mit aller Strenge; derweil begannen auf den Gütern die Meier – von denen das Wort gilt: Hält sie nicht Furcht in Bann, schwillt den Knechten der Kamm – blanke Schilde und Waffen zu führen, lernten die Hörner mit anderem Klang als die übrigen Bauern zu blasen, hegten Hunde, zunächst um Hasen zu jagen, zuletzt aber um nicht allein Wölfe, sondern gar Bären und, wie jemand sagt, etruskische Eber zu hetzen. »Kellermeister«, sagten sie, »mögen Höfe und Äcker bestellen! Wir wollen uns um unsere Lehen kümmern und der Jagd frönen, wie es Männern geziemt!« So stand unser Gemeinwesen teils in schöner Blüte, teils unter schlimmer Bedrohung, als Hartmann es sterbend verließ.

Nachdem Hartmann gestorben war, wählte man Engilbert und sandte ihn zu Konrad. Und der würdigte ihn jeder Ehre und erhob ihn zum Statthalter des heiligen Gallus, und da er noch kurze Zeit lebte, starb er desgleichen. Aber Engilbert begann, die vernachlässigten äußeren Klostergüter in Pflege zu nehmen, wozu ihm die genannten Meier nicht recht Gehorsam leisten wollten, da sie sich dessen entwöhnt hatten.

D: Haefele 1980, S. 109–111. –

2.3
Maßnahmen gegen die Gewalt

Der Erzbischof von Reims und die Bischöfe seiner Kirchenprovinz verkünden einen Gottesfrieden für ihre Diözesen. Um 1100.

Beschlossen wurde von dem hochwürdigen Herrn M[anasses], von Gottes Gnaden Erzbischof von Reims, und von seinen Suffraganbischöfen und von der ganzen Versammlung der Synode, die zu Soissons gehalten wurde, und es wurde mit der Strafe der Exkommunikation bedroht, daß von allen Menschen ein Gottesfrieden eingehalten werden solle. Vom Donnerstag vor dem ersten Advent bis zum 13. Januar soll er alle Tage gelten, und ebenso vom Donnerstag vor dem Sonntag Septuagesima bis zum Sonntag nach Ostern, und vom Donnerstag vor Rogate bis zum Sonntag nach Pfingsten.

2. Wer diesen Gottesfrieden bricht, der finde bei keinem Kleriker oder Mönche Zuflucht, wenn dieser hiervon Kenntnis genommen hat. Wenn ihm jemand wissentlich Zuflucht bietet, werde er mit der Exkommunikation bestraft, und kein Bischof löse ihn ohne Erlaubnis des Erzbischofs.

3. Niemand darf einen von seinem Bischof Exkommunizierten bei sich aufnehmen oder irgendeine Gemeinschaft mit ihm halten. Wer das doch tut, gelte [...] als exkommuniziert.

[...]

6. Kirchen und Friedhöfe, Kleriker und Mönche, Frauen und Pilger und deren Begleiter sollen alle Tage Frieden genießen.

7. Kaufleute sollen nicht belästigt werden, nur müssen sie die schuldigen Abgaben entrichten.

[...]

11. Auch wurde in Übereinstimmung mit der Autorität beschlossen, daß jemand, der ein ganzes Jahr der Exkommunika-

tion verfallen ist, nicht als Zeuge oder zu einer Rechtshandlung berufen werden soll.

12. Wer eine Landschaft beunruhigt, der soll auch während des Gottesfriedens von ebendieser Landschaft gestraft werden.

13. Keine weltliche Macht soll von Klerikern oder von Friedhöfen Gebühren erheben.

14. Kein Kleriker darf Waffen führen.

[...]

16. Wenn im Gottesfrieden jemand einen Menschen aus der Kirche oder vom Friedhof entführt und ihn zu schwören zwingt, daß er selbst später die Lossprechung durch den Bischof herbeiführen wolle, dann soll er doch nicht gelöst werden, und zwar wegen dieses Eides.

D: Lautemann 1970, S. 235 f. –

2.4
Alle sind Ritter

Der Geschichtsschreiber Gislebert von Mons berichtet vom glanzvollen Hoffest in Mainz anlässlich der Ritterweihe der Kaisersöhne. 1184.

Wegen der Masse der herbeiströmenden Menschen ordnete der Herr Kaiser [Friedrich I.] an, dass auf den Wiesen vor Mainz auf dem anderen Rheinufer Zelte für ihn selbst und alle Anreisenden aufgeschlagen werden; denn dort ließ der Kaiser auch für sich provisorische Unterkünfte errichten. Der Herr Graf von Hennegau hatte mehr und schönere Zelte als alle anderen. Aus dem ganzen Reich diesseits der Alpen kamen die Fürsten zu diesem Hoftag zusammen, Erzbischöfe, Bischöfe, Äbte, Herzöge, Markgrafen, Pfalzgrafen sowie andere Grafen,

Edelleute und Ministerialen, nach glaubwürdiger Schätzung insgesamt 70 000[1], dazu noch Kleriker und sonstige Leute verschiedenen Standes.

Am heiligen Pfingsttag [20. Mai] trugen Herr Friedrich, der Kaiser der Römer, und seine Gemahlin, die Kaiserin [Beatrix], in großer Feierlichkeit und Würde die Kaiserkronen, und König Heinrich, der Sohn des Kaiserpaares, trug die Königskrone. Bei dieser Festkrönung beanspruchten die mächtigsten Fürsten das Recht, das kaiserliche Schwert tragen zu dürfen: der Herzog von Böhmen, der mit 2000 Rittern auf dem Hoftag erschienen war, der Herzog Leopold von Österreich, ein tapferer und wohlhabender Ritter, mit 500 Rittern, Bernhard, der neue Herzog von Sachsen, mit 700 Rittern, Konrad, der Pfalzgraf bei Rhein und Bruder des Kaisers, mit mehr als 1000 Rittern und der Landgraf von Thüringen, ein mächtiger Mann, mit dem Kaiser verwandt, der mit 1000 oder mehr Rittern anwesend war. Der Herr Kaiser aber überließ es dem Grafen von Hennegau, das Schwert zu tragen. Niemand widersprach, denn sein Name war in allen Landen hochgeachtet und er war Neuling am Hof und es waren auf diesem Hoftag viele sehr mächtige Fürsten und andere Adlige, die mit ihm verwandt waren.

Am Pfingstmontag wurden Herr Heinrich, König der Römer, und Friedrich, der Herzog von Schwaben, die Söhne des Herrn Friedrich, des Kaisers der Römer, zu neuen Rittern geweiht. Zu ihrer Ehre machten sie selbst und alle Fürsten und die anderen Edelleute Rittern, Gefangenen, Kreuzfahrern, den Spielleuten, Gauklern und Gauklerinnen reiche Geschenke, nämlich Pferde, kostbare Kleider, Gold und Silber. Die Fürsten und die anderen Adligen spendeten überaus großzügig nicht

1 Die Zahl ist gewiss übertrieben. Von außergewöhnlich starkem Andrang zu diesem Hoftag mit entsprechenden logistischen Problemen berichten aber auch andere Quellen.

nur zur Ehre ihrer Herren, des Kaisers und seiner Söhne, sondern auch um den Ruhm ihres eigenen Namens zu verbreiten.

Am Montag und Dienstag nach dem Morgenmahl eröffneten die Kaisersöhne das Turnier, an dem nach Schätzung 20 000 und mehr Ritter teilnahmen. Das Turnier wurde aber ohne Waffen ausgetragen. Die Ritter erfreuten sich daran, Schilde, Lanzen und Fahnen zu schwingen und sich im Reiterkampf ohne Stechen zu messen. In diesem Turnier machte der Herr Kaiser Friedrich, obwohl er an körperlicher Statur und Eleganz den anderen nicht überlegen war, in der Art, wie er den Schild führte, die beste Figur von allen.

D: Vanderkindere 1904, S. 155–157. [Übers. von A. Bühler.]

3. König und Fürsten

3.1
Wahl und Weihe des Königs

Der Bischof und Geschichtsschreiber Otto von Freising berichtet über die Erhebung Friedrichs I. zum König. 1152.

1. Nachdem der fromme König Konrad im Jahre 1800 nach Gründung Roms, 1154 nach der Fleischwerdung des Herrn im Frühling, nämlich – wie erwähnt – am Freitag nach dem Beginn der Fastenzeit in Bamberg aus diesem Leben geschieden war, konnte am 4. März, am Dienstag nach Okuli in Frankfurt wunderbarerweise trotz der ungeheuren Ausdehnung des transalpinen Reiches der bedeutendste Teil der Fürsten einschließlich einiger Barone aus Italien gewissermaßen zu einem Leibe vereinigt werden. Als dort die Fürsten über die Wahl des Königs berieten – denn dieses Recht, nämlich daß das Königtum sich nicht nach der Blutsverwandtschaft vererbt, sondern

daß die Könige durch Wahl der Fürsten eingesetzt werden, beansprucht das römische Reich als sein besonderes Privileg – wurde schließlich Herzog Friedrich von Schwaben, der Sohn des Herzogs Friedrich, von allen gefordert und durch die Gunst aller zum König gewählt.

2. Der tiefste Grund für diesen Entschluß und die einmütige Zustimmung zu dieser Person war, so meine ich, folgender. Es gab im römischen Reich im Gebiet von Gallien und Germanien bisher zwei berühmte Familien; die eine war die der Heinriche von Waiblingen, die andre die der Welfen von Altdorf, die eine pflegte Kaiser, die andre große Herzöge hervorzubringen. Wie es unter bedeutenden und ruhmgierigen Männern zu gehen pflegt, wetteiferten sie häufig miteinander und hatten schon oft die Ruhe des Reiches gestört. Es geschah aber, wie man glaubt, nach dem Ratschluß Gottes, der die Ruhe seines Volkes für die Zukunft sichern wollte, unter Heinrich V., daß Herzog Friedrich, der Vater des jetzigen, der aus der einen, nämlich der königlichen Familie stammte, die Tochter des Bayernherzogs Heinrich aus der anderen heiratete und mit ihr den jetzt regierenden Friedrich zeugte. So zogen also die Fürsten nicht nur die Tatkraft und Tüchtigkeit des oft genannten jungen Fürsten in Betracht, sondern auch, daß er, der beiden Familien angehörte, gewissermaßen als Eckstein die Feindschaft dieser beiden Häuser überwinden könnte; deshalb beschlossen sie, ihn zum Oberhaupt des Reiches einzusetzen, in der Erwartung, daß es für das Reich außerordentlich nützlich sein würde, wenn die schwere und langwierige Rivalität unter den höchststehenden Männern des Reichs um privater Vorteile willen nun endlich mit Gottes Hilfe bei dieser Gelegenheit beseitigt würde. […]

3. Nachdem nun alle Fürsten, die dort zusammengeströmt waren, sich ihm durch Treue und Mannschaft verpflichtet hatten, bestieg der König mit wenigen, die er dazu geeignet hielt,

während er die übrigen entließ, in heiterster Stimmung am Donnerstag die Schiffe, fuhr den Main und den Rhein hinunter und landete bei dem Königshof Sinzig. Dort bestieg man die Pferde und gelangte am Samstag darauf nach Aachen. Am folgenden Tag, das heißt an dem Sonntag, an dem man Laetare Jerusalem singt, wurde er von Bischöfen aus der Pfalz in die Kirche der seligen, immer jungfräulichen Maria geleitet, unter dem Beifall aller Anwesenden vom Erzbischof Arnold von Köln mit dem Beistand anderer Bischöfe gekrönt und auf den Thron des Frankenreichs gesetzt, der in dieser Kirche von Karl dem Großen aufgestellt worden ist. […] Doch auch dies wird man nicht mit Stillschweigen übergehen können, daß an demselben Tage in derselben Kirche der erwählte Bischof von Münster, der ebenfalls Friedrich hieß, von denselben Bischöfen wie der König zum Bischof geweiht wurde, so daß man in Wahrheit den höchsten König und Priester an der gegenwärtigen Freude – gleichsam zum Vorzeichen – teilnehmen glaubte; denn e i n Tag sah in e i n e r Kirche die Salbung der beiden Personen, die nach dem Brauch des neuen und des alten Testamentes allein sakramental gesalbt und mit Recht »Gesalbte des Herrn« genannt werden.

4. Nach Vollzug aller Krönungszeremonien zog sich der König in die Privatgemächer der Pfalz zurück; er berief aus der Zahl der Fürsten besonders erfahrene und bedeutende zu sich, beriet mit ihnen über die Lage des Reichs und ordnete an, daß Gesandte an Papst Eugen, an die Stadt Rom und ganz Italien geschickt würden, die seine Wahl zum König anzeigen sollten.

D: Schmale 1965, S. 285–289. –

3.2
Die Goldene Bulle – Gesetz über die Wahl des Königs

Das Reichsgesetz regelt das Verfahren der Königswahl. 1356. – Wähler sind nur die sieben Kurfürsten: die Erzbischöfe von Mainz, Köln und Trier, der König von Böhmen, der Pfalzgraf bei Rhein, der Herzog von Sachsen und der Markgraf von Brandenburg.

Die Wahl des Römischen Königs

(1) Nachdem diese Kurfürsten oder ihre Botschafter in die Stadt Frankfurt gekommen sind, sollen sie sofort am folgenden Morgen bei Sonnenaufgang in der Kirche des heiligen Apostels Bartholomäus dort in ihrer aller Gegenwart die Messe »Vom Heiligen Geist« singen lassen, zu folgendem Zweck: Der Heilige Geist erleuchte ihre Herzen und gieße ihren Sinnen das Licht seiner Kraft ein, damit sie gestützt auf seine Hilfe einen gerechten, guten und geeigneten Mann als Römischen König und künftigen Kaiser wählen können, zum Heil des christlichen Volkes. Nach Beendigung dieser Messe aber sollen alle Kurfürsten oder ihre Botschafter an den Altar herantreten, an dem diese Messe gefeiert wurde, und dort sollen die geistlichen Kurfürsten vor dem Evangelium des heiligen Johannes »Am Anfang war das Wort«, das ihnen dort vorgelegt werden soll, die Hände voll Ehrfurcht über der Brust falten; die weltlichen Kurfürsten aber sollen dieses Evangelium leiblich mit den Händen berühren; sie alle sollen mit ihrem ganzen Gefolge dort ohne Waffen stehen. Und der Erzbischof von Mainz soll ihnen die Eidesformel vorsprechen und zusammen mit ihnen (und sie oder die Botschafter der Abwesenden zusammen mit ihm) den Eid in folgender Weise auf Deutsch leisten:

(2) »Ich … Erzbischof von Mainz, Erzkanzler des heiligen Reiches für Deutschland und Kurfürst, schwöre bei diesen hei-

ligen Evangelien, die hier gegenwärtig vor mir liegen, daß ich bei der Treue, mit der ich Gott und dem heiligen Römischen Reich verbunden bin, nach aller meiner Einsicht und Vernunft mit Gottes Hilfe wählen will das zeitliche Haupt für das christliche Volk, das heißt einen Römischen König, der zum Kaiser erhoben werden soll und dazu tauglich sein muß – soweit meine Einsicht und meine Sinne mich lenken, gemäß genannter Treue; und meine Stimme und Entscheidung und Wahl werde ich geben ohne alle Bedingung, Bezahlung, Belohnung, Verabredung oder wie man solches ansonsten nennen kann. So wahr mir Gott helfe und alle Heiligen.«

(3) Sobald nun durch die Kurfürsten oder deren Boten solcher Eid in der vorgenannten Form und Art geschworen ist, sollen sie zur Wahl schreiten, und sie dürfen sich von dieser Stunde an nicht mehr aus dieser Stadt Frankfurt entfernen, es sei denn, die Mehrheit von ihnen hätte zuvor das zeitliche Haupt für die Welt oder das Christenvolk gewählt, also den Römischen König, der zum Kaiser zu erheben ist. Wenn sie dies zu tun dreißig Tage hinauszögern, vom Tag der Eidesleistung an gerechnet, sollen sie nach Ablauf der dreißig Tage künftig nur Wasser und Brot essen, aber keinesfalls diese Stadt verlassen, es sei denn, es wäre durch sie oder die Mehrheit von ihnen der Herrscher oder das zeitliche Haupt der Gläubigen, wie vorausgeschickt, gewählt worden.

(4) Nachdem sie aber oder die Mehrheit von ihnen an diesem Ort gewählt haben, soll diese Wahl angesehen und gehalten werden, als ob sie von ihnen allen, niemand ausgenommen, einmütig vollzogen wäre.

D: Weinrich 1983, S. 333–337. –

3.3
Die Versorgung des Königs

Das »Tafelgüterverzeichnis« legt fest, was die einzelnen Königshöfe zur Versorgung des durchreisenden Hofes an die »Tafel« des Königs zu liefern haben. 1152/53. – Das Verzeichnis gehört nach neueren Forschungen in die Zeit Friedrichs I. Schwaben fehlt in der Liste, weil es hier zwar Familienbesitz der Staufer, aber kein Königsgut gab.

Dies sind die Höfe, die zur Tafel des Römischen Königs gehören. In Sachsen mit all ihrem Zubehör: die Lausitz – sie gibt 5 königliche Dienste; der Milzengau; der Nisangau; Bautzen; Altenburg; Eisleben; Allstedt; Wolferstedt; Farnstedt; Wallhausen; Tilleda; Aschersleben; Werla; Goslar; Homburg; Pöhlde; Grone, dort gehören die Sichelschmiede des Königs dazu; Eschwege; Mühlhausen; Merseburg 40 Dienste. Diese Höfe in Sachsen also geben dem König so viel Dienste, wie Tage im Jahr sind, und 40 mehr. Wir machen euch auch bekannt, was ein königlicher Dienst in Sachsen ist: Es sind 30 große Schweine, 3 Kühe, 5 Ferkel, 50 Hühner, 50 Eier, 90 Käse, 10 Gänse, 5 Fuder Bier, 5 Pfund Pfeffer, 10 Pfund Wachs, Wein aus ihrem Keller überall in Sachsen.

Dies sind die Höfe in Rheinfranken: Tiel 2 königliche Dienste; Nymwegen 8; Aachen 8; Konzen 2; Düren 2; Remagen 2; Sinzig 2; Hammerstein 2; Andernach 2; Boppard 3; Ingelheim 3; Lautern 8; die Burg Briey 8; Diedenhofen 3; Flörchingen 7; Zolver 7; Sierck 7; Haßloch 1; Nierstein 1; Trebur 4; Frankfurt 3. Dies sind die Höfe in Franken. Soviel geben sie: 40 Schweine, 7 saugende Ferkel, 50 Hühner, 5 Kühe, 500 Eier, 10 Gänse, 5 Pfund Pfeffer, 90 Käse, 10 Pfund Wachs, 4 große Fuder Wein.

Dies sind die Höfe in Bayern: Nürnberg gibt 2 königliche Dienste; Gründlach 1; Schübelsberg 1; Pattenhofen 1; Weißenburg 1; die Burg Nürnberg 7; Hafenberg 7; Greding 5; Neuburg an der Donau 2; Creußen 3; Neumarkt mit 1000 Hufen; Dornberg 2. Dies sind die Höfe in Bayern. Sie geben 26 königliche Dienste, und zwar so groß wie die in Franken.

Dies sind die Höfe in der Lombardei: Settimo gibt 2 königliche Dienste; Turin gibt sein Allod; Susa 2000 Mark; die Burg Avigliana 1000 Mark; Piossasco 500 Mark; Chieri 500 Mark; Testona 500 Mark; Revello 500 Mark; Saluzzo 200 Mark; Albenga 200 Mark; die Stadt Sitten 200 Mark; die Städte Tarvil, Cavallermaggiore, Canelli geben 8 Dienste. Annone gibt 10 königliche Dienste; Revigniano 1; Sangiorgio 5; Castellazzo Gamondo 4; Marengo 8; Sezzè 3; Retorto 2; Pontecurone 2; Basaluzzo 2; der Edelhof Vigevano; der Edelhof Tromello; Lomello; Montiglio; Coriano mit großem Zubehör. Dies sind die Höfe der Lombardei. Sie geben so viel, wie keiner erzählen oder erfahren kann; es sei denn wir kämen zuvor in die Lombardei.

D: Weinrich 1977, S. 189–191. –

3.4
Verbot der Brandstiftung in einer Fehde

Kaiser Friedrich I. verbietet heimtückische Brandlegung im Zuge einer Fehde. Ausgenommen ist der Einsatz von Feuer gegen Burgen in rechtmäßiger (»offener«) Fehde. 1186/88.

Friedrich, von Gottes Gnaden Römischer Kaiser und allzeit Mehrer des Reiches. Es ziemt sich für die Zeiten Unserer Getreulichkeit, mit dem Eifer Unserer Umsicht für die allgemeine Ruhe der Leute in den Landen Sorge zu tragen, um, solange Wir gegenüber den Untertanen mit der Kraft Unserer Herrschaft mächtig sind, alle Verworfenen und Verbrecher vor Untaten gegen Unsere Untertanen mit Unserer gerechtigen Züchtigung im Zaume zu halten. In Anbetracht der Tatsache aber, welcher Schaden und welche Verwüstung bei Menschen und Ländern durch Aufstände und Brandschatzung eintritt und wieviel Furcht vor der Zukunft die Vergangenheit mit sich bringt, wollen Wir, es möge allen Getreuen des Reiches all das bekannt werden, was mit Zustimmung und Rat der Fürsten und Unserer anderen Getreuen, der Freien wie der Dienstmannen, Unsere kaiserliche Macht zur Unterdrückung der Frechheit der Brandstifter geboten hat, – und so, wie es auf Unserer Burg Nürnberg verordnet und bestätigt wurde, verkünden Wir es zu strenger Befolgung.

(1) Zunächst also sagen Wir allgemein über die Brandstifter: Wenn ein freier Mann, ein Edler, Dienstmann oder Mann gleich welchen Standes, einen Brand verübt für eine eigene Fehde, für einen Freund, für den Vater oder im Falle irgendeiner anderen Streitsache, soll er nach Spruch und Urteil sofort der kaiserlichen Acht verfallen sein. Hierbei werden die Fälle ausgenommen, wenn etwa Leute in einer offenen Fehde offen Burgen einnehmen und wenn sie dabei Vorburgen, Stallungen und andere davorliegende Hütten durch Brand einäschern. Ausgenommen sind auch die Richter, denen es zukommt, gegen Verbrecher in rechtlicher Zuständigkeit die Strafe der Einäscherung vorzunehmen. (2) Wenn nun einer in dem Herzogtum von irgendwem einen Brand verübt, soll der Herzog selbst ihn als Unserer Acht verfallen verkünden und ihn daraufhin kraft seiner Rechtshoheit in die Acht tun. Dasselbe sollen die Markgrafen, Pfalzgrafen, Landgrafen und anderen Grafen tun, und niemandem von ihnen soll es erlaubt sein, einen solchen Mann aus der Acht zu lösen, es sei denn dem Herrn Kaiser.

[...]

(15) Ferner: Wenn ein wegen Brandstiftung Geächteter in ein Haus flüchtet, aus dem man seiner nicht habhaft werden kann, es sei denn man zündet das Haus an, braucht wegen dieses Brandes keiner als Brandstifter angesehen zu werden, doch muß er den Schaden für den Brand ersetzen. (16) Ferner: Wenn ein Brandstifter bei seiner Verfolgung auf eine Burg flüchtet und der Herr, dem die Burg gehört, etwa sein Herr oder Vasall oder Blutsverwandter ist, muß dieser Herr ihn nicht den Verfolgern ausliefern, sondern er darf ihm von der Burg in den Wald oder anderswohin helfen, wo es ihm sicher vorkommt. Wenn dieser nun aber weder sein Herr noch Vasall noch Verwandter ist, soll er ihn sofort den Verfolgern ausliefern oder er steht mit ihm in derselben Schuld.

(17) Wir bestimmen auch und setzen durch diesen Erlaß fest: Jeder, der danach trachtet, einem anderen Schaden zuzufügen oder ihn zu verletzen, soll diesem mindestens drei Tage zuvor durch einen von ihm bestimmten Boten Absage erteilen.

D: Weinrich 1977, S. 309–313. –

3.5
Der Prozess gegen Heinrich den Löwen

Kaiser Friedrich I. belehnt die Kölner Kirche mit einem Teil des Heinrich dem Löwen aberkannten Herzogtums. Die in Gelnhausen ausgestellte Urkunde (»Gelnhäuser Urkunde«) berichtet vom vorausgegangenen Absetzungsverfahren gegen den Herzog. 1180.

Im Namen der heiligen und ungeteilten Dreifaltigkeit. Friedrich, durch das Walten von Gottes Gnaden Römischer Kaiser, allzeit Mehrer des Reiches. Weil das menschliche Gedächtnis vergeßlich und den wirren Ereignissen nicht gewachsen ist, hat die selige Hoheit der Vorgänger Unserer Zeit, der seligen Kaiser und Könige beschlossen, in Schriftstücken aufzuzeichnen, was das Altern der fließenden Zeitläufe dem Wissen der Menschen zu entziehen pflegt.

Daher möge die Gesamtheit aller gegenwärtigen und zukünftigen Getreuen des Reiches wissen: Heinrich, ehemals Herzog von Bayern und Westfalen, wurde

- deswegen, weil er die Freiheit der Kirchen Gottes und der Edlen des Reiches durch gewaltsame Beschlagnahme ihrer Güter und Beschneidung ihrer Rechte schwer bedrückt hatte,

aufgrund einer dringenden Klage der Fürsten und sehr vieler Edlen,

- daß er, mit gerichtlicher Vorladung gerufen, es abgelehnt habe, sich Unserer Hoheit zu stellen, und wegen dieser Widerspenstigkeit dann von seiten der Fürsten und schwäbischen Standesgenossen einem Spruch auf Unsere Acht verfallen sei,
- ferner weil er nicht abgelassen hat, gegen die Kirchen Gottes und gegen die Rechte und Freiheiten von Fürsten und Edlen anzugehen,

wegen des Unrechts an ihnen sowie wegen der mannigfach gezeigten Mißachtung gegenüber Uns selbst – und besonders wegen solcher erwiesenen Verletzung der kaiserlichen Hoheit – nach Lehnsrecht mit gesetzlich vorgeschriebenem dreifachem Ladungsbefehl vor Unser Hofgericht geladen, und – deswegen, weil er ferngeblieben sei und keinen Bevollmächtigten an seiner Statt geschickt habe – für widerspenstig erachtet; und daher wurden ihm das Herzogtum Bayern und Westfalen samt Engern sowie sämtliche Lehen, die er vom Reiche innehatte, durch einhelligen Urteilsspruch der Fürsten auf dem zu Würzburg feierlich abgehaltenen Hoftag aberkannt und Unserem Recht und Besitz zugesprochen.

Nach stattgefundener Beratung mit den Fürsten und auf deren gemeinsamen Rat hin haben Wir daher das Herzogtum namens Westfalen und Engern in zwei Teile geteilt; und in Anbetracht der Verdienste, mit denen sich Unser lieber Fürst Philipp, Erzbischof von Köln, [...] das Vorrecht kaiserlicher Gnade verdient hat, haben Wir den einen Teil, und zwar der sich in das Bistum Köln und über das ganze Bistum Paderborn erstreckte, mit allem Recht und aller Herrschaft [...] der Kölner Kirche rechtmäßig geschenkt und in kaiserlicher Freigebigkeit verliehen.

Und nachdem von den Fürsten ein Rechtsspruch erbeten worden war, ob dies so geschehen dürfe, und dieser von ihnen ausgesprochen und mit allgemeiner Zustimmung der Fürsten und des ganzen Hoftages gebilligt worden war [...], haben Wir den zuvor genannten Erzbischof Philipp mit dem Anteil am Herzogtum, der seiner Kirche übertragen wurde, mit der kaiserlichen Fahne feierlich belehnt.

D: Weinrich 1977, S. 299–301. –

4. Kaiser und Päpste

4.1 *Dictatus papae*

Papst Gregor VII. behauptet den unbedingten Vorrang des Papstes und der römischen Kirche vor allen anderen Kirchen und allen Christen. 1075.

1. Die römische Kirche ist allein vom Herrn gegründet.
2. Nur der römische Papst wird zu Recht der allgemeine genannt.
3. Nur er kann Bischöfe absetzen oder begnadigen.
4. Sein Legat hat den Vorsitz über alle Bischöfe im Konzil, auch wenn er niederen Weihegrades ist, und kann gegen sie ein Absetzungsurteil fällen.
5. Der Papst kann Abwesende absetzen.
6. Mit von ihm Exkommunizierten darf man unter anderem nicht im selben Hause weilen.
7. Nur ihm steht es zu, nach Erfordernis der Zeit neue Gesetze zu erlassen, neue Gemeinden zu bilden, ein Kanonikat in eine Abtei umzuwandeln und umgekehrt, ein reiches Bistum zu teilen und arme Bistümer zusammenzulegen.
8. Nur er kann die kaiserlichen Insignien führen.
9. Nur des Papstes Füße werden von allen Fürsten geküßt.
10. Nur sein Name wird in den Kirchen feierlich genannt.
11. Dieser Name ist einzig in der Welt.
12. Ihm steht es zu, Kaiser abzusetzen.
13. Ihm steht es zu, bei zwingender Notwendigkeit Bischöfe von einem Bischofssitz zum anderen zu versetzen.
14. Von jeder Kirche, wo immer er will, darf er einen Geistlichen weihen.
15. Ein von ihm Geweihter kann einer anderen Kirche vorstehen, aber nicht ihr dienen, und von einem anderen Bischof darf er keine höhere Weihe empfangen.
16. Keine Synode darf ohne seinen Befehl eine allgemeine genannt werden.
17. Es gibt keinen Rechtssatz und keine Rechtssammlung ohne seine Billigung.
18. Sein Urteil darf von keinem widerrufen werden, und nur er selbst kann es widerrufen.

19. Er darf von niemandem gerichtet werden.
20. Keiner wage jemanden zu verurteilen, der an den Apostolischen Stuhl appelliert.
21. Die größeren Rechtsfälle jeder Kirche müssen vor ihn gebracht werden.
22. Die römische Kirche hat niemals geirrt und wird nach dem Zeugnis der Schrift in Ewigkeit nicht irren.
23. Der römische Papst wird, wenn er rechtmäßig geweiht ist, durch die Verdienste des heiligen Petrus unbezweifelbar heilig, wie der heilige Ennodius, Bischof von Parma, bezeugt, dem viele heilige Väter beipflichten, wie in den Dekreten des heiligen Papstes Symmachus steht.
24. Auf seinen Befehl und mit seiner Erlaubnis dürfen Untertane klagen.
25. Er kann ohne Versammlung einer Synode Bischöfe absetzen und begnadigen.
26. Nicht für katholisch wird gehalten, wer nicht mit der römischen Kirche übereinstimmt.
27. Er kann die Untertanen aus der Treubindung an ungerechte Herrscher lösen.

D: Miethke/Bühler 1988, S. 62.

4.2
Synode von Worms

Die deutschen Bischöfe beschuldigen Gregor VII., das Papstamt zu missbrauchen, und verweigern ihm die Anerkennung. 1076.

Erzbischof Sigfrid von Mainz, Udo von Trier, Wilhelm von Utrecht, H. von Metz, Heinrich von Lüttich, Ricbert von Verden, Pibo von Toul, Hozemann von Speyer, Burchard von Halberstadt, Werner von Straßburg, Burchard von Basel, Otto von

Konstanz, Adalbero von Würzburg, Rupert von Bamberg, Otto von Regensburg, Ellinard von Freising, Odelrich von Eichstätt, Friedrich von Münster, Eilbert von Minden, Hezilo von Hildesheim, Benno von Osnabrück, Eppo von Naumburg, Imad von Paderborn, Tiedo von Brandenburg, Burchard von Lausanne, Bruno von Verona an den Bruder Hildebrand.

Unmittelbar nachdem du die Leitung der Kirche an dich gerissen hattest, wurde uns zwar bekannt, wie unerlaubt und ruchlos die Handlung war, die du wider menschliches und göttliches Recht in gewohnter Anmaßung gewagt hattest, doch hielten wir es für angebracht, in gewissermaßen wohl überlegtem Schweigen die anfänglichen Mängel deines Amtsantrittes zu übergehen, denn wir hofften, daß so verbrecherische Anfänge in Zukunft durch Redlichkeit und Eifer in deinem Regiment wieder gutgemacht und bis zu einem gewissen Grade wieder ausgelöscht würden. Nun aber verkündet der beklagenswerte Zustand der gesamten Kirche laut und klagt darüber, daß du auf deine schlechten Anfänge mit noch schlimmeren Handlungen und Beschlüssen in unseliger und dauernder Hartnäckigkeit antwortest.

Während nämlich unser Herr und Erlöser das Gut des Friedens und der Liebe seinen Gläubigen gleichsam als ein ihnen eigentümliches Zeichen aufprägte, wofür es mehr Zeugnisse gibt, als man in einem kurzen Brief anführen kann, trachtest du im Gegensatz dazu nach gottlosen Neuerungen, hast mehr Freude an einem glänzenden als an einem guten Namen, machst dich durch unerhörte Selbsterhöhung groß und hast damit als Bannerträger der Spaltung alle Glieder der Kirche, die dem Wort des Apostels gemäß ein ruhiges und ungetrübtes Leben vor dieser deiner Zeit führten, in überheblicher Grausamkeit und grausamer Überheblichkeit zutiefst verwundet und die Flamme der Zwietracht, die du in der römischen Kirche durch unheilvolle Parteiungen entfachtest, in allen Kirchen

Italiens, Deutschlands, Galliens und Spaniens in rasendem Wahnsinn ausgebreitet. So weit es an dir lag, nahmst du den Bischöfen jede Gewalt, die ihnen doch bekanntlich von Gott durch die Gnade des Heiligen Geistes, der vor allem in den Weihen wirkt, übertragen ist, und wiesest die gesamte Verwaltung der kirchlichen Angelegenheiten der Gier des niederen Volkes zu, und während nun niemand mehr Bischof oder Priester ist außer dem, der es in unwürdigster Schmeichelei von deiner stolzen Sprödigkeit erbettelt, hast du die ganze Kraft des apostolischen Amtes und jene überaus herrliche Einteilung der Glieder Christi, die der Lehrer der Völker so oft empfiehlt und einschärft, in heillose Verwirrung gebracht; so ging durch deine großsprecherischen Dekrete Christi Namen fast zugrunde, und das kann man nur unter Tränen aussprechen. Wer aber sollte ob des Empörenden dieser Tatsache nicht darüber betreten sein, daß du dir eine neue, dir nicht zukommende Macht anmaßest, so daß du die Rechte umstößt, die allen Brüdern zukommen. Denn du behauptest, daß keiner von uns außer dir allein oder demjenigen, den du ausdrücklich dazu bestimmst, das Recht habe zu binden und zu lösen, falls das Vergehen irgendeines unserer Diözesanen dir bekannt wird, und sei es nur gerüchtweise. Daß diese Behauptung mehr als unsinnig ist, wie sollte das nicht sehen, wer in den heiligen Schriften bewandert ist? [...]

Zur Zeit des verstorbenen Kaisers Heinrich hast du dich selbst durch einen persönlichen Eid verpflichtet, weder zu Lebzeiten des Kaisers selbst noch seines Sohnes, unseres ruhmvollen königlichen Herrn, der jetzt die höchste Gewalt hat, die Papstwürde selbst anzunehmen, oder, soweit es an dir liege, zu dulden, daß ein anderer sie annehme ohne Zustimmung und Billigung des Vaters, so lange dieser lebe, oder des Sohnes, solange auch dieser lebe. Und noch heute sind viele Bischöfe Zeugen dieses Eides, die ihn damals mit ihren Augen sahen und mit ihren Ohren hörten. Erinnere dich auch daran, wie du selbst, als einige Kardinäle der Ehrgeiz, Papst zu werden, kitzelte, aus diesem Anlaß und unter der Bedingung, daß sie dasselbe täten, dich eidlich verpflichtetest, niemals nach dem Papsttum zu greifen, um so Eifersucht auszuschalten. Wie unverbrüchlich du diese beiden Eide gehalten hast, wirst du selbst eingesehen haben. Außerdem wurde auf einer Synode, die man zur Zeit des Papstes Nikolaus feierte und an der 125 Bischöfe teilnahmen, festgesetzt und bestimmt, daß niemals jemand Papst werden solle außer durch die Wahl der Kardinäle, die Billigung des Volkes und die Zustimmung und Bestätigung von seiten des Königs. Und du hast dieses Konzil und das Dekret veranlaßt, hast dazu geraten und hast unterschrieben. [...]

Weil also dein Amtsantritt wegen solcher Meineide widerrechtlich war und die Kirche infolge deiner mißbräuchlichen Neuerungen durch so schweres Unwetter gefährdet wird und du dein Leben und deinen Wandel durch so vielfache Schmach entehrt hast, verkünden wir öffentlich, daß wir den Gehorsam, den wir dir niemals versprachen, auch weiterhin niemals halten werden, und weil niemand von uns, wie du öffentlich erklärtest, dir bisher als Bischof galt, wirst auch du keinem von uns von nun an als Papst gelten.

D: Schmale 1963, S. 471–475. – © 1963 Wissenschaftliche Buchgesellschaft, Darmstadt.

4.3
Absetzungsschreiben des Königs an Gregor VII.

Heinrich IV. wirft dem Papst Missachtung des Königtums und der bischöflichen Gewalt vor und fordert ihn zum Rücktritt auf. 1076. – Das ungewöhnlich scharf formulierte Schreiben diente der Propaganda und wurde in Deutschland verbreitet; die tatsächlich an den Papst gesandte Fassung war kürzer und sachlicher.

Heinrich, nicht durch Anmaßung, sondern durch Gottes gerechte Anordnung König, an Hildebrand, nicht mehr den Papst, sondern den falschen Mönch.

Diese Anrede hast du nämlich für die von dir angerichtete Verwirrung verdient, der du keinen Stand in der Kirche davon ausgenommen hast, ihn der Verwirrung statt der gebührenden Stellung, des Fluchs statt des Segens teilhaftig zu machen.

Um nämlich aus vielem nur einiges Wenige und Wichtige zur Sprache zu bringen: du scheutest dich nicht nur nicht, die Lenker der heiligen Kirche, nämlich Erzbischöfe, Bischöfe und Priester, die doch Gesalbte des Herrn sind, anzutasten, nein, wie Knechte, die nicht wissen, was ihr Herr tut, zertratest du sie unter deinen Füßen und gewannst dir dabei die Zustimmung aus dem Mund des Pöbels. Sie alle erachtest du als unwissend, dich allein aber als allwissend; doch dieses Wissen bemühtest du dich nicht zum Aufbau, sondern zur Zerstörung zu verwenden. […]

Und wir haben dies alles ertragen, während wir uns bemühten, die Stellung des apostolischen Stuhles zu wahren. Aber du hast unsere Demut für Furcht gehalten und dich daher nicht gescheut, dich sogar gegen die uns von Gott verliehene königliche Gewalt zu erheben; du hast zu drohen gewagt, du würdest sie uns nehmen, als ob wir von dir das Königtum empfangen hätten, als ob in deiner und nicht in Gottes Hand Königs- und Kaiserherrschaft lägen.

Dieser unser Herr Jesus Christus hat uns zum Königtum, dich aber nicht zur geistlichen Herrschaft berufen. Du nämlich bist auf folgenden Stufen emporgestiegen: durch List – was das Mönchsgelübde verabscheut – bist du zu Geld gekommen, durch Geld zu Gunst, durch Gunst zum Schwert, durch das Schwert zum Sitz des Friedens, und vom Sitz des Friedens aus hast du den Frieden gestört; die Untergebenen hast du gegen die Vorgesetzten bewaffnet, unsere Bischöfe, die Gott berief, hast du, der Unberufene, zu verachten gelehrt, ihre Amtsgewalt über die Priester hast du den Laien widerrechtlich übereignet, so daß diese Laien nun diejenigen absetzen und verurteilen, die ihrerseits die Laien aus der Hand Gottes durch Handauflegung der Bischöfe empfangen hatten, um sie zu belehren.

Auch mich, der ich – wenn auch unwürdig unter Gesalbten – zum Königtum gesalbt worden bin, hast du angetastet, mich, von dem die Überlieferung der heiligen Väter lehrt, daß ich nur von Gott gerichtet werden darf, und versichert, daß ich wegen keines Verbrechens abgesetzt werden darf, ich wiche denn vom Glauben ab, was ferne sei. [...]

So steige du denn, der du durch diesen Fluch und das Urteil aller unserer Bischöfe und unser eigenes verdammt bist, herab, verlasse den apostolischen Stuhl, den du dir angemaßt hast. Ein anderer steige auf den Thron des heiligen Petrus, einer, der Gewalttat nicht mit Frömmigkeit bemäntelt, sondern die reine Lehre des heiligen Petrus lehrt. Ich, Heinrich, durch die Gnade Gottes König, sage dir zusammen mit allen meinen Bischöfen: Steige herab, steige herab!

D: Schmale 1963, S. 65–69. –

4.4
Wormser Konkordat

Kaiser Heinrich V. und Papst Calixt II. bestätigen sich gegenseitig ihre Rechte bei der Investitur. 1122.

a. Kaiserliche Urkunde

Im Namen der heiligen und ungeteilten Dreifaltigkeit. Ich, Heinrich, von Gottes Gnaden erhabener Römischer Kaiser, – aus Liebe zu Gott, zur heiligen Römischen Kirche und zum Herrn Papst Kalixt sowie zum Heil meiner Seele – überlasse Gott, Gottes heiligen Aposteln Petrus und Paulus und der heiligen katholischen Kirche jegliche Investitur mit Ring und Stab, und ich erlaube, daß in allen Kirchen, die es in meinem König- und Kaiserreich gibt, kanonische Wahlen und freie Weihen stattfinden. Die Besitzungen und Regalien des heiligen Petrus, die seit Beginn dieses Streits bis zum heutigen Tag – zur Zeit meines Vaters oder auch zu meiner Zeit – weggenommen wurden, werde ich, soweit ich sie besitze, der heiligen Römischen Kirche zurückerstatten, soweit ich sie aber nicht besitze, werde ich getreulich helfen, daß sie zurückerstattet werden. Auch die Besitzungen aller anderen Kirchen und Fürsten und der anderen, Geistlichen wie Laien, die in diesen Wirren verloren wurden, werde ich nach dem Rat der Fürsten und gemäß der Gerechtigkeit nun, soweit ich sie besitze, zurückgeben, soweit ich sie nicht besitze, werde ich getreulich helfen, daß sie zurückgegeben werden. Und wahren Frieden gebe ich dem Herrn Papst Kalixt, der heiligen Römischen Kirche und allen, die auf deren Seite stehen und standen. Und worin die heilige Römische Kirche Hilfe anfordert, darin werde ich ihr getreulich helfen, und worüber sie bei mir Klage führt, darüber werde ich ihr gebührende Gerechtigkeit verschaffen.

b. Päpstliche Urkunde

Ich, Bischof Kalixt, Knecht der Knechte Gottes, verleihe Dir, meinem geliebten Sohn Heinrich, von Gottes Gnaden Römischer Kaiser, Mehrer des Reiches, daß die Wahlen der Bischöfe und Äbte des Deutschen Königreiches, soweit sie dem Reich zugehören, in Deiner Gegenwart stattfinden, aber ohne Simonie und irgendwelche Gewalt: Wenn daher zwischen den Parteien Streit entsteht, so mögest Du nach Rat und Urteil des Metropoliten und der Mitbischöfe dieser Kirchenprovinz dann der verständigeren Partei Zustimmung und Hilfe zukommen lassen. Der Erwählte aber soll von Dir durch das Zepter die Regalien erhalten, und er soll das leisten, was er Dir aufgrund dessen rechtens schuldet. In den anderen Gebieten des Kaiserreiches jedoch soll der Geweihte innerhalb von sechs Monaten von Dir durch das Zepter die Regalien erhalten und er soll das leisten, was er Dir aufgrund dessen rechtens schuldet; ausgenommen bleibt alles, was anerkanntermaßen der Römischen Kirche rechtlich gehört. Worüber Du künftig bei mir Klage erhebst und Hilfe erbittest, darüber werde ich Dir dem Auftrag meines Amtes gemäß Hilfe gewähren. Wahren Frieden gebe ich Dir und allen denen, die auf Deiner Seite stehen und standen zur Zeit dieses Streits.

D: Weinrich 1977, S. 183–185. –

4.5
Die Kaiseridee Friedrich Barbarossas

Nach dem Streit von Besançon betont Kaiser Friedrich I. in einem Rundschreiben an die Fürsten die Gottesunmittelbarkeit seines Kaisertums. 1157.

Da wir Königtum und Kaisertum durch Wahl der Fürsten allein von Gott empfangen haben, der bei dem Leiden Christi, seines Sohnes, den beiden Schwertern, die notwendig sind, die Regierung des Erdkreises überantwortet hat, und da der Apostel Petrus der Welt die Lehre gegeben hat: »Fürchtet

Gott und ehret den König«, so befindet sich jeder, der behauptet, wir hätten die kaiserliche Krone als ein Lehen vom Papst empfangen, im Widerspruch mit der göttlichen Ordnung und der Lehre des Petrus und ist der Lüge schuldig. Wir haben bisher die Ehre der Kirchen und ihre Freiheit, die schon lange vom Joch ungehöriger Knechtschaft unterdrückt sind, der Hand der Ägypter zu entreißen gesucht und ihnen alle ihrer Würde zukommenden Rechte zu erhalten gestrebt; daher bitten wir euch jetzt insgesamt, mit uns und dem Reich über diese große Schmach Schmerz zu empfinden, und wir hoffen, eure ungeteilte, aufrichtige Treue werde nicht zulassen, daß die Ehre des Reiches, die seit der Gründung der Stadt und seit der Aufrichtung der christlichen Religion bis auf eure Zeit glorreich und ungeschmälert bestanden hat, durch eine so unerhörte Neuerung, durch eine so vermessene Überheblichkeit beeinträchtigt werde; denn ihr wißt ohne allen Zweifel, daß wir uns eher in Todesgefahr stürzen wollten, als zu unseren Zeiten den Schimpf einer solchen Verwirrung zu ertragen.

D: Schmale 1965, S. 421. –

Kaiser Friedrich I. erläutert die Rolle des Papstes bei der Kaiserkrönung. 1157.

Zwei Dinge sind es, mit denen unser Reich regiert werden muß, die heiligen Gesetze der Kaiser und der gute Brauch unserer Vorgänger und Väter. Diese Schranken wollen und können wir nicht überschreiten; was mit ihnen nicht in Einklang steht, erkennen wir nicht an. Die schuldige Ehrfurcht erweisen wir gern unserem Vater. Aber die freie Krone unseres Reiches schreiben wir allein göttlicher Verleihung zu; die erste Stimme bei der Wahl erkennen wir dem Mainzer Erzbischof zu, die übrigen den anderen Fürsten nach ihrem Rang, die königliche Salbung dem Kölner, die letzte aber, bei der Kaiserkrönung, dem Papst; was darüber hinausgeht, ist überflüssig und von Übel.

D: Miethke/Bühler 1988, S. 74.

4.6
Der Vorrang der geistlichen Gewalt

Papst Innozenz III. begründet im Thronstreit den Vorrang der priesterlichen vor der weltlichen Gewalt. 1199/1200.

Freilich werden nach göttlichem Gesetz Könige wie Priester gesalbt; die Könige aber werden von den Priestern gesalbt, nicht die Priester von den Königen. Wer gesalbt wird, ist geringer als der, welcher salbt, und höher an Würde als der Gesalbte ist derjenige, welcher die Salbung spendet. [...]

Den Fürsten ist die Macht auf Erden gegeben, den Priestern ist auch Macht im Himmel zugeteilt, jenen nur über die Körper, diesen auch über die Seelen. Um wieviel daher die Seele den Körper an Würde überragt, so sehr übertrifft das Priestertum an Würde das Königtum. [...]

Denn die Fürsten haben einzelne Provinzen und die Könige Königreiche: Petrus aber überragt alle an Vollkommenheit und an Größe, weil er der Stellvertreter jenes ist, dessen die Erde ist und was sie erfüllt, der Erdkreis und die darauf wohnen.

Wie sich schließlich das Priestertum durch die größere Würde auszeichnet, so auch durch das höhere Alter. Beide, Königtum und Priestertum, waren im Volk Gottes eingerichtet, das Priestertum aber durch göttliches Gebot, das Königtum durch menschlichen Zwang. Denn über das Priestertum sprach der Herr zu Moses: »Führe zu mir aus der Mitte der Kinder Israels deinen Bruder Aaron und seine Söhne, damit er mir als Priester diene«. Über das Königtum aber sprach der Herr zu Samuel: »Erhöre die Stimme des Volkes, das einen König begehrt. Denn nicht dich haben sie verworfen, sondern mich, daß ich nicht König über sie sein soll«. Aber zwischen Moses und Samuel, zwischen Aaron, dem ersten Priester, und Saul, dem ersten König, lag die Zeit der Richter, und dazwischen vergingen viele Jahre. Und keiner kann dagegen einwenden, daß zwar beim Volk der Juden das Priestertum älter gewesen sei als das Königtum, es aber bei den Heiden ein Königtum vor dem Priestertum gegeben habe. [...]

Zur Zeit aber [nach vielen schismatischen Zerwürfnissen in der Geschichte der Kirche] besteht die Kirche dank der Gnade Gottes in Eintracht, und das Kaisertum ist infolge sündhaften Tuns gespalten. Aber die Kirche vergilt dem Kaisertum nicht auf die gleiche Weise, wie dies der Kirche vergalt, da sie über seine Spaltung Trauer und Schmerz empfindet, und zwar besonders darüber, daß die Fürsten den Makel des Reiches als Zierde hinstellen und seine Schande als Ehre und dadurch Freiheit und Würde des Reiches gleichermaßen beschämen. Aber man hatte schon längst zum Apostolischen Stuhl Zuflucht nehmen müssen, dem die Entscheidung, wie bekannt, von Anfang an und letztendlich zusteht: von Anfang an, weil er selbst das Kaisertum vom Osten nach Westen übertrug, und letztendlich, weil er es ist, der die Kaiserkrone vergibt. [...]

D: Miethke/Bühler 1988, S. 79 f.

4.7
Der Papst als Schiedsrichter der Könige

Papst Innozenz III. begründet das päpstliche Prüfungsrecht von Thronkandidaten: Nur ein vom Papst anerkannter König könne als rechtmäßig gelten. 1202.

In der Tat wollen wir, die wir gemäß unserem Amt als apostolischer Diener jedem einzelnen Gerechtigkeit schulden, nicht das Recht der Fürsten für uns beanspruchen, wie wir auch nicht wollen, daß unser Recht von anderen usurpiert wird. Daher erkennen wir, wie es sich gehört, jenen Fürsten, denen dies nach Recht und alter Gewohnheit zusteht, das Recht und die Vollmacht zu, den König zu wählen, der später zum Kaiser erhoben wird, besonders da Recht und Vollmacht dieser Art auf sie vom Apostolischen Stuhl übertragen wurden, der das römische Kaisertum in der Person des großen Karl von den Griechen auf die Germanen übertragen hat. Aber ebenso müssen die Fürsten anerkennen – und sie tun dies auch durchaus, wie sie in unserer Gegenwart anerkannt haben –, daß uns das Recht und die Vollmacht zukommt, denjenigen, der zum König gewählt und zum Kaiser zu erheben ist, zu prüfen, da wir ihn salben, weihen und krönen. Denn es gilt in der Regel und allgemein, daß das Recht zur Prüfung der Person demjenigen zukommt, dem die Handauflegung zusteht. Wenn die Fürsten nicht nur in zwiespältiger Wahl, sondern sogar einmütig einen Gottlosen oder Exkommunizierten, einen Tyrannen oder einen Narren oder Ketzer zum König wählten oder gar einen Heiden, müßten wir dann etwa einen solchen Mann auch salben, weihen oder krönen? Das darf niemals sein!

D: Miethke/Bühler 1988, S. 92.

4.8
Der Gipfel des universalen Papsttums

Papst Bonifaz VIII. begründet in der Bulle Unam sanctam *die Unterordnung aller Herrschaft und der gesamten Menschheit unter die päpstliche Universalgewalt. 1302.*

An die eine heilige und katholische Kirche zu glauben und an ihr festzuhalten mit dem Eifer des Glaubens sind wir gezwungen, und wir glauben fest an sie und bekennen sie geradewegs, da es außerhalb ihrer kein Heil gibt, keine Vergebung der Sünden, wie der Bräutigam im Hohelied verkündet: »Einzig ist meine Taube, meine Vollkommene, sie ist einzig ihrer Mutter, die Auserwählte derer, die sie gebar«; sie verkörpert den einen mystischen Leib, dessen Haupt Christus ist – und dessen Haupt ist Gott –, in ihr ist ein Herr, ein Glaube und eine Taufe. Denn Noah hatte während der Sintflut *eine* Arche, welche die *eine* Kirche vorausdeutete. [...]

Daher gibt es *einen* Leib der einen und einzigen Kirche und *ein* Haupt – nicht zwei Köpfe wie bei einem Monstrum –, nämlich Christus, und den Stellvertreter Christi, Petrus, und den Nachfolger Petri, weil der Herr zu Petrus selbst sprach: »Weide meine Schafe«. »Meine«, sagte er ganz allgemein, und nicht speziell diese oder jene: dies ist so zu verstehen, daß sie ihm insgesamt anvertraut wurden. Wenn also die Griechen oder andere behaupten, sie seien nicht dem Petrus und seinem Nachfolger anvertraut, dann müssen sie notwendig gestehen, daß sie nicht zu den Schafen Christi gehören, da der Herr bei Johannes sagt: »Es sei eine Herde und ein Hirte«.

In dieser seiner Gewalt seien zwei Schwerter, ein geistliches und ein weltliches, so lernen wir es nach den Worten des Evangeliums. Die Apostel sprachen: »Siehe, hier sind zwei Schwerter«, nämlich in der Kirche, und als die Apostel so redeten, antwortete der Herr nicht, das ist zuviel, sondern: »es ist genug«. Wer freilich leugnet, daß das weltliche Schwert sich in der Gewalt des Petrus befindet, achtet das Wort des Herrn schlecht: »Stecke dein Schwert zurück in die Scheide«. Beide sind also in der Gewalt der Kirche, das geistliche Schwert wie das irdische. Dieses aber ist für die Kirche, jenes von der Kirche zu führen. Jenes liegt in der Hand des Priesters, dieses in der der Könige und Ritter, aber zur Verfügung und mit Erlaubnis des Priesters. Es ziemt sich, daß das eine Schwert unter dem anderen stehe, und daß die weltliche Macht der geistlichen Gewalt unterworfen sei. Denn da der Apostel sagt: »Es gibt keine Gewalt außer von Gott; die es aber gibt, sind von Gott eingesetzt«, wären sie nicht eingesetzt, wenn nicht ein Schwert unter dem anderen stünde und gleichsam das geringere über das andere Schwert von der höchsten Gewalt abgeleitet wäre. […]

Wie sehr aber die geistliche Gewalt an Würde und vornehmem Rang jede irdische Gewalt übertrifft, bekennen wir, wie es sich gebührt, umso nachdrücklicher, je deutlicher die geistlichen vor den weltlichen Dingen stehen. Wir haben dies auch in der Leistung des Zehnten, in Segenspendung und Heiligsprechung, im Empfang dieser Gewalt und in der Lenkung der Dinge selbst klar vor Augen. Denn wie die Wahrheit selbst bezeugt, hat die geistliche Gewalt die irdische Gewalt einzusetzen und zu richten, falls sie nicht gut sein sollte. So erfüllt sich für die Kirche und die kirchliche Gewalt die Prophezeiung des Jeremias: »Siehe, ich setze dich heute über Völker und Reiche etc.«

Folglich wird die irdische Gewalt, wenn sie irrt, von der geistlichen Gewalt gerichtet werden, wenn aber eine geringere geistliche Instanz irrt, wird sie von der über ihr übergeordneten gerichtet, und wenn die höchste irrt, kann sie nur von Gott allein, von keinem Menschen gerichtet werden, wie der Apostel bezeugt: »Der Geistliche richtet über alles, er selbst aber wird von niemandem gerichtet«. Diese Macht – obwohl sie einem Menschen gegeben ist und durch einen Menschen ausgeübt wird, ist sie nicht menschlich, sondern eher göttlich – ist aber durch Gottes Wort Petrus gegeben, und zwar ihm selbst und seinen Nachfolgern in Christus selbst, den er – als der feste Fels – bekannte, da ja der Herr zu Petrus selbst sprach: »Was du binden wirst [auf Erden, das wird im Himmel gebunden sein, und was du lösen wirst auf Erden, das wird im Himmel gelöst sein]«. Wer sich also dieser von Gott so eingerichteten Gewalt widersetzt, der widersetzt sich Gottes Ordnung, es sei denn, er stellte sich wie ein Manichäer vor, daß es zwei Prinzipien gäbe, was wir als falsch und häretisch erachten; denn das Buch Mose beweist, nicht in den Anfängen [*in principiis*], sondern »im Anfang [*in principio*] schuf Gott Himmel und Erde«.

Daher aber erklären wir, bestimmen und verkünden wir, daß es für alle menschliche Kreatur überhaupt heilsnotwendig ist, dem römischen Papst untertan zu sein. Gegeben im Lateran, am 18. November (1302), im 8. Jahr unseres Pontifikates.

D: Miethke/Bühler 1988, S. 122–124.

5. Kaiser und Könige

5.1
Gesetz Ludwigs des Bayern über das Kaisertum

Durch die Wahl der Kurfürsten allein hat der Gewählte – ohne Anerkennung oder Mitwirkung seitens des Papstes – Anspruch auf den Kaisertitel und die vollen kaiserlichen Rechte. 1338.

Ludwig, durch Gottes Gnade allzeit erhabener Kaiser der Römer. Zum ewigen Gedächtnis dieses Vorgangs.

Freilich besagen die Zeugnisse beider Rechte ganz deutlich, daß die kaiserliche Würde und Gewalt von Anfang an unmittelbar von Gott allein ausgegangen ist und Gott durch die Kaiser und Könige der Welt dem Menschengeschlecht Gesetze gegeben hat, ferner daß der Kaiser nur durch die Wahl derer, denen die Wahl zusteht, eigentlich zum Kaiser gemacht wird und nicht der Zustimmung oder Bestätigung irgendeines anderen bedarf, weil er nämlich in weltlichen Dingen keinen Höheren auf Erden über sich hat, ihm aber alle Völker untertan sind, und der Herr Jesus Christus selbst forderte, daß Gott gegeben werden müsse, was Gottes ist, und dem Kaiser, was des Kaisers ist. Gewisse Leute jedoch sind mit der Blindheit der Habsucht und des Ehrgeizes geschlagen, und manche bekennen, sie hätten das richtige Verständnis der Heiligen Schrift, weichen aber vom Pfad der rechten Gesinnung ab; sie lassen sich zu unrechten und verzerrten Äußerungen und zu abscheulichen Behauptungen gegen Gewalt und Ansehen des Kaisers sowie gegen die Rechte der Kurfürsten und der anderen Fürsten und Getreuen des Reiches hinreißen, indem sie verlogen und betrügerisch erklären, die kaiserliche Würde und Gewalt stamme vom Papst und der zum Kaiser Gewählte sei nicht aufgrund der Wahl wirklich Kaiser und König, wenn er nicht zuvor durch den Papst oder den Apostolischen Stuhl bestätigt, gebilligt und anerkannt würde. Durch solche verquere Behauptungen, solch verderbliche Lehren soll der alte Feind Zank schüren, Streit stiften, Kampflust anheizen und Aufruhr entfachen.

Um so großes Übel abzuwenden, erklären wir also mit Rat und Billigung der Wähler und der anderen Reichsfürsten: Die kaiserliche Würde und Gewalt ist unmittelbar von Gott allein; nach Recht und Gewohnheit des Reiches ist es von alters her anerkannt, wer von den Wählern des Reiches einstimmig oder mehrheitlich zum Kaiser oder König gewählt wird, ist sofort einzig aufgrund der Wahl als der wahre König und Kaiser der Römer anzuerkennen und zu bezeichnen; ihm müssen alle Untertanen des Reiches gehorchen, er hat die volle Gewalt, die Güter und die Rechte des Reiches wahrzunehmen und alles zu tun, was einem wahren Kaiser zusteht, und er bedarf keiner Anerkennung, Bestätigung, Ermächtigung oder Zustimmung seitens des Papstes oder des Apostolischen Stuhles oder irgendeines anderen. Und wir bestimmen mit diesem allzeit gültigen Gesetz, daß der einstimmig oder mehrheitlich zum Kaiser Gewählte allein aufgrund seiner Wahl von allen als wahrer und rechtmäßiger Kaiser anerkannt und geachtet wird, daß ihm alle Untertanen des Reiches gehorchen müssen, daß er die kaiserliche Verwaltung und Rechtsprechung und die vollkommene kaiserliche Gewalt innehat und daß von allen anerkannt und mit Gewißheit daran festgehalten wird, daß er sie innehat und ausübt. [...]

Zum Zeugnis all dessen haben wir das vorliegende Gesetz oder Edikt aufzuschreiben befohlen und mit dem Siegel unserer Majestät bekräftigen lassen. Verfaßt und verkündet wurde dieses Gesetz in unserer Stadt Frankfurt, am 6. August im Jahre des Herrn 1338, im 23. Jahr unseres Königtums und in unserem 11. Kaiserjahr.

D: Miethke/Bühler 1988, S. 149 f.

5.2
»Die unverrückbaren Säulen des Reiches«

Die Goldene Bulle betont die besondere Stellung der Kurfürsten. 1356. – Obwohl der jährliche Kurfürstenrat nie zustande kam, waren die Kurfürsten doch die wichtigsten Stützen des Königs. Gemeinsam mit ihm verkörperten sie das Reich (vgl. auch 3.2).

Die Zusammenkunft der Kurfürsten

Unter den mannigfaltigen Sorgen für das Gemeinwesen, durch die Unsere Gedanken beständig in Anspruch genommen werden, hat Unsere Hoheit nach reiflicher Überlegung als notwendig erkannt, daß die Kurfürsten des heiligen Reiches öfter als bisher üblich zu Verhandlungen über das Wohl dieses Reiches und des Erdkreises zusammenkommen – sie, die die festen Grundpfeiler und unverrückbaren Säulen des Reiches sind; so wie sie durch die weiten Entfernungen ihrer Länder voneinander getrennt wohnen, so können sie auch über die einbrechenden Mißstände der ihnen bekannten Gebiete zugleich berichten und beraten, und es ist ihnen wohlvertraut, durch vernünftige Ratschläge aus ihrer Umsicht heraus heilsame Hilfe zu leisten zur angemessenen Behebung solcher Mißstände. So kommt es, daß Wir auf Unserem festlichen Hoftag, der zu Nürnberg zusammen mit den hochwürdigen geistlichen und den erlauchten weltlichen Kurfürsten sowie vielen anderen Fürsten und edlen Herren kraft Unserer Hoheit feierlich durchgeführt wurde, nach Beratung mit diesen Kurfürsten und auf deren Ratschlag hin, zum guten und allgemeinen Wohl, zusammen mit diesen geistlichen und weltlichen Kurfürsten anzuordnen für gut befunden haben: Diese Kurfürsten sollen künftig in jedem Jahr einmal nach dem Ende von vier Wochen (zusammenhängend gezählt) seit dem Osterfest der Auferstehung des Herrn in einer Stadt des heiligen Reiches selbst zusammenkommen; und zu dieser demnächst kommenden Zeit, oder: in dem gegenwärtigen Jahr soll dieses Gespräch (oder: solcher Hoftag oder solche Versammlung) in Unserer kaiserlichen Stadt Metz von Uns und diesen Fürsten feierlich begangen werden, und danach und künftig soll von Uns an einem Tag dieser Zusammenkunft dann der Ort, an dem sie im folgenden Jahr zusammenkommen sollen, auf deren Rat hin festgesetzt werden; diese Unsere Ordnung soll selbstverständlich nur nach Unserem und deren Willen gelten. Solange diese Geltung hat, nehmen Wir sie alle in Unser kaiserliches Geleit beim Hinweg zu diesem Hoftag, beim Aufenthalt, auch bei der Heimfahrt.

D: Weinrich 1983, S. 357–359. –

5.3
Untersuchung über die Amtsführung der Sheriffs

Der englische König Heinrich I. verfügt, dass die Sheriffs und andere königlichen Beamten über ihre Amtsführung Rechenschaft geben. 1170.

Zuerst soll untersucht werden, bezüglich der Sheriffs und ihrer Beamten, was und wie viel sie aus jeder Hundertschaft [*Gerichtsbezirk in einer Grafschaft*] oder aus jeder Gemeinde oder von jedem einzelnen eingenommen haben, seit der Herr König in die Normandie übergesetzt hat [*März 1166*], wodurch Land und Volk bedrückt wurden, und was sie aufgrund eines gerichtlichen Urteils der Grafschaft oder Hundertschaft eingenommen haben und was ohne Urteil. Was sie behaupten, durch Gerichtsurteil eingenommen zu haben, soll getrennt aufgeschrieben werden. Alle Forderungen sind zu überprüfen bezüglich des Rechtsgrundes und des Rechtsnachweises. […]

Entsprechend soll bezüglich der Erzbischöfe, Bischöfe, Äbte, Grafen, Barone, Untervasallen, Ritter, Bürger sowie ihrer Diener und Dienstleute untersucht werden, was und wie viel sie aus ihren Ländern vom genannten Zeitpunkt an eingenommen haben […] mit oder ohne Rechtsurteil. […]

Es soll untersucht werden, ob die Sheriffs oder einer ihrer

Beamten oder die Herren der Gemeinden oder deren Beamten etwas von den Gütern zurückerstattet haben, die sie an sich genommen hatten, oder ob sie Frieden geschlossen haben mit ihren Leuten, seit sie von der Ankunft des Herrn Königs wussten, um zu verhindern, dass Klagen darüber vor den Herrn König oder seine Richter gebracht werden.

D: Douglas/Greenaway 1953, S. 439 f. [Übers. von A. Bühler.]

5.4
Legitimer Widerstand gegen den König

Die Magna Charta verpflichtet die Barone zum Widerstand gegen den König, sollte er gegen die hier gewährten Freiheitsrechte verstoßen. 1215.

Da wir alle vorgenannten [Rechte und Freiheiten] gewährt haben für Gott, zur Besserung unseres Königtums und zur besseren Beilegung des Streites, der zwischen uns und den Baronen entstanden ist, und da wir wünschen, dass sie sie mit unverbrüchlicher und fester Beständigkeit allzeit genießen, leisten und gewähren wir ihnen folgende Sicherheit: dass nämlich die Barone 25 Barone des Reiches, welche sie wollen, auswählen, die mit ganzer Kraft den Frieden und die Freiheiten, die wir ihnen zugestanden und durch diese unsere Urkunde bekräftigt haben, einhalten, bewahren und für deren Einhaltung sorgen, und zwar so, dass, wenn wir oder unser Justitiar oder unsere Beamten oder irgendeiner unserer Hofleute gegen jemanden Unrecht begehen in irgendeiner Weise oder gegen einen der Friedens- und Sicherheitsartikel verstoßen und der Verstoß wird vier von den 25 Baronen angezeigt, diese vier Barone zu uns kommen sollen oder zu unserem Justitiar, falls wir außerhalb des Reiches weilen, und uns den

Verstoß melden und uns auffordern, dass wir den Verstoß unverzüglich wiedergutmachen lassen. Wenn wir oder unser Justitiar, falls wir außerhalb des Reiches weilen, den Verstoß innerhalb von vierzig Tagen nicht wiedergutmachen, gerechnet von dem Zeitpunkt an, als er uns oder unserem Justitiar, falls wir außerhalb des Reiches weilen, gemeldet wurde, bringen die vier Barone den Fall vor die anderen der 25 Barone, und diese 25 Barone bedrängen und zwingen uns mit der Gemeinschaft des ganzen Reiches [= *aller Grafschaften und Städte*] mit allen ihnen zur Verfügung stehenden Mitteln, d.h. durch Besetzung von Burgen, Ländern und Besitzungen und mit anderen Mitteln, die ihnen zu Gebote stehen, bis nach ihrem Urteil Wiedergutmachung geleistet ist, unter Wahrung unserer Person sowie derer unserer Königin und unserer Kinder; und sobald Wiedergutmachung geleistet ist, werden sie uns gehorchen wie zuvor. Und jeder im Lande, der es will, soll schwören, dass er den Befehlen der 25 Barone gehorchen wird, um die genannten Maßnahmen durchzuführen, und dass er uns nach seinem Vermögen zusammen mit diesen bedrängen wird, und wir geben öffentlich und freimütig jedem, der schwören will, die Erlaubnis zu diesem Eid und werden niemanden hindern, den Eid zu leisten. All jene im Lande aber, die für sich und nach eigenem Willen den 25 Baronen den Eid verweigern, uns zusammen mit ihnen zu bedrängen und zu zwingen, lassen wir den Eid leisten aufgrund unseres Befehls, wie oben gesagt. […]

D: Holt 1965, S. 333f. [Übers. von A. Bühler.]

5.5
Das »nationale« Königtum Frankreich

Unter der Bedrohung durch Kaiser Heinrich V. und Heinrich I. von England sammeln sich die französischen Fürsten hinter ihrem König Ludwig VI. zur gemeinsamen Abwehr. Bericht des Abtes Suger von Saint-Denis. 1124.

Der Herr König Ludwig rief die Fürsten zu sich und erörterte die Lage. Da der hl. Dionysius sich durch viele Zeugnisse und wiederholten Beweis als besonderer Patron und nach Gott einzigartiger Schutzherr des Reiches erwiesen hatte, eilte er zu ihm [*in die Abtei Saint-Denis*] und flehte aufrichtig mit Gebeten und Geschenken, dass er das Reich schütze, seine Person schone, den Feinden in gewohnter Weise widerstehe und, weil sie ja dieses Vorrecht von ihm haben, dass der heilige und wunderbare Beschützer selbst mit seinen Begleitern, wenn ein anderes Reich in das Reich der Franken einzudringen wage, sich gleichsam zum Schutze über seinen Altar erhebe. Dies geschah in Gegenwart des Königs, feierlich und in frommer Hingabe. Der König aber nahm die Fahne der Grafschaft Vexin, durch die er Lehensmann der Kirche [*von Saint-Denis bzw. des hl. Dionysius*] war, vom Altar auf, empfing sie unter heiliger Verpflichtung wie von seinem Herrn. Er zog mit einem kleinen Gefolge voraus gegen die Feinde und rief ganz Frankreich auf, ihm mit großer Macht zu folgen. Empört über die ungewöhnliche Frechheit der Feinde, mobilisierte die berechtigte Erbitterung Frankreichs überall das Aufgebot der Ritter, versammelte Kräfte und Männer, eingedenk alter Tapferkeit und vergangener Siege.

Als wir von überall mit großer Macht in Reims zusammenkamen, marschierten Reiter- und Fußheere von solcher Stärke auf, dass sie das Antlitz der Erde wie Heuschrecken nicht nur entlang der Flussläufe, sondern auch auf den Bergen und in der Ebene zu verschlingen schienen. Dort erwartete der König in der folgenden Woche den Einmarsch der Deutschen; unter den Großen des Reiches wurde folgende Überlegung angestellt: »Wir wollen ihnen tapfer entgegenziehen«, sagten sie, »damit sie nicht wiederkommen und nicht ungestraft bleibt, was sie sich gegen die Herrin der Länder, Frankreich, voll Hochmut herausgenommen haben. Sie sollen den Lohn für ihre Unverschämtheit erhalten, und zwar nicht in unserem, sondern in ihrem eigenen Land, das, oft besiegt, nach königlichem Recht der Franken den Franken unterliegt. Weil sie selbst heimtückische Pläne gegen uns schmiedeten, wollen wir ihnen ganz offen entgegentreten.« [...]

Nichts Berühmteres leistete Frankreich, weder in unseren modernen noch in lange vergangenen Zeiten, und nie offenbarte es ruhmreicher die Glorie seiner Macht mit den vereinten Kräften seiner Glieder, als wenn es zu ein und demselben Zeitpunkt über den römischen Kaiser und, freilich in Abwesenheit, zugleich über den englischen König triumphierte.

D: Waquet 1929, S. 218–230. [Übers. von A. Bühler.]

Literaturhinweise

Quellen

Becher, Matthias (Hrsg.): Quellen zur Geschichte der Welfen und die Chronik Burchards von Ursberg. [Übers. von M. B.] Darmstadt: Wissenschaftliche Buchgesellschaft, 2007. (Ausgewählte Quellen zur deutschen Geschichte des Mittelalters 18b.)

Boretius, Alfred (Hrsg.): Capitularia regum Francorum I. Hannover: Hahnsche Buchhandlung, 1883. (Monumenta Germaniae Historica, Legum sectio II.)

Douglas, David C. / George W. Greenaway (Hrsg.): English Historical Documents II. London: Routledge, 1953.

Haefele, Hans F. (Hrsg.): Ekkehard IV. St. Galler Klostergeschichten. [Übers. von H. F. H.] Darmstadt: Wissenschaftliche Buchgesellschaft, 1980. (Ausgewählte Quellen zur deutschen Geschichte des Mittelalters 10.)

Hägermann, Dieter (Hrsg.): Das Polyptychon von Saint-Germain-des-Prés. Studienausgabe. Köln: Böhlau, 1993.

Holt, James C.: Magna Carta. Cambridge: University Press, 1965.

Lautemann, Wolfgang (Hrsg.): Geschichte in Quellen. Bd. 2: Mittelalter. München: Bayerischer Schulbuch-Verlag, 1970.

Miethke, Jürgen / Arnold Bühler: Kaiser und Papst im Konflikt. Zum Verhältnis von Staat und Kirche im späten Mittelalter. Düsseldorf: Schwann, 1988. (Historisches Seminar 8.)

Schmale, Franz-Josef (Hrsg.): Quellen zur Geschichte Kaiser Heinrichs IV. Darmstadt: Wissenschaftliche Buchgesellschaft, 1963. (Ausgewählte Quellen zur deutschen Geschichte des Mittelalters 12.)

– (Hrsg.), Otto von Freising und Rahewin, Die Taten Friedrichs oder richtiger Cronica. Übers. von Adolf Schmidt. Darmstadt: Wissenschaftliche Buchgesellschaft, 1965. (Ausgewählte Quellen zur deutschen Geschichte des Mittelalters 17.)

Vanderkindere, Léon (Hrsg.): La chronique de Gislebert de Mons [Gisleberti Chronicon Hanoniense]. Bruxelles: Kiessling, 1904.

Waquet, Henri (Hrsg.): Suger, Vie de Louis VI le Gros. Paris: Champion, 1929. (Les Classiques de l'Histoire de France au Moyen Age 11.)
Weinrich, Lorenz (Hrsg.): Quellen zur deutschen Verfassungs-, Wirtschafts- und Sozialgeschichte bis 1250. [Übers. von L. W.] Darmstadt: Wissenschaftliche Buchgesellschaft, 1977. (Ausgewählte Quellen zur deutschen Geschichte des Mittelalters 32.)
– (Hrsg.): Quellen zur Verfassungsgeschichte des römisch-deutschen Reiches im Spätmittelalter (1250–1500). [Übers. von L. W.] Darmstadt: Wissenschaftliche Buchgesellschaft, 1983. (Ausgewählte Quellen zur deutschen Geschichte des Mittelalters 33.)

Darstellungen

Althoff, Gerd: Spielregeln der Politik im Mittelalter. Kommunikation in Frieden und Fehde. Darmstadt 1997.
Blumenthal, Uta-Renate: Gregor VII. Papst zwischen Canossa und Kirchenreform. Darmstadt 2001.
Boockmann, Hartmut: Stauferzeit und spätes Mittelalter. Deutschland 1125–1517. Berlin 1987.
Borst, Arno (Hrsg.): Das Rittertum im Mittelalter. Darmstadt ^{3}1998.
Boshof, Egon: Königtum und Königsherrschaft im 10. und 11. Jahrhundert. München 1993.
Busch, Jörg W.: Die Herrschaften der Karolinger. München 2011.
Classen, Peter: Karl der Große, das Papsttum und Byzanz. Die Begründung des karolingischen Kaisertums. Sigmaringen 1988.
Ehlers, Joachim: Geschichte Frankreichs im Mittelalter. Darmstadt 2009.
– Die Ritter. Geschichte und Kultur. München 2006.
Fößel, Amalie: Die Königin im mittelalterlichen Reich. Herrschaftsausübung, Herrschaftsrechte, Handlungsspielräume. Stuttgart 2000.
Fried, Johannes: Das Mittelalter – Geschichte und Kultur. München ^{3}2009.
Fuhrmann, Horst: Die Päpste. Von Petrus zu Johannes Paul II. München 1998.
– Einladung ins Mittelalter. München ^{3}2004.

Görich, Knut: Friedrich Barbarossa. Eine Biographie. München 2011.
Goetz, Hans-Werner: Leben im Mittelalter vom 7. bis zum 13. Jahrhundert. München [7]2002.
Goez, Elke: Papsttum und Kaisertum im Mittelalter. Darmstadt 2009.
Hartmann, Wilfried: Der Investiturstreit. München 1993.
Haas, Wolfdieter: Welt im Wandel. Das Hochmittelalter. Stuttgart 2002.
Herbers, Klaus: Geschichte des Papsttums im Mittelalter. Darmstadt 2012.
Hechberger, Werner: Adel, Ministerialität und Rittertum im Mittelalter. München 2004.
Krieger, Karl-Friedrich: Geschichte Englands von den Anfängen bis zum 15. Jahrhundert. München [4]2009.
Kuchenbuch, Ludolf: Grundherrschaft im früheren Mittelalter. Idstein 1991.
Miethke, Jürgen / Bühler, Arnold: Kaiser und Papst im Konflikt. Zum Verhältnis von Staat und Kirche im späten Mittelalter. Düsseldorf 1988.
Mitterauer, Michael: Warum Europa? Mittelalterliche Grundlagen eines Sonderwegs. München 2003.
Opll, Ferdinand: Friedrich Barbarossa. Darmstadt [4]2009.
Rösener, Werner (Hrsg.): Strukturen der Grundherrschaft im frühen Mittelalter. Göttingen [2]1993.
Rogge, Jörg: Die deutschen Könige im Mittelalter. Wahl und Krönung. Darmstadt 2006.
Spieß, Karl-Heinz: Das Lehnswesen in Deutschland im hohen und späten Mittelalter. Stuttgart [3]2011.
Schimmelpfennig, Bernhard: Könige und Fürsten, Kaiser und Papst nach dem Wormser Konkordat. München 1996.
Schneidmüller, Bernd / Weinfurter, Stefan / Wieczorek, Alfried (Hrsg.): Verwandlungen des Stauferreichs. Drei Innovationsregionen im mittelalterlichen Europa. Darmstadt 2010.
Schubert, Ernst: Einführung in die deutsche Geschichte im Spätmittelalter. Darmstadt [2]1998.
Schulze, Hans K.: Grundstrukturen der Verfassung im Mittelalter. 4 Bde. Stuttgart 1985–2011.

Schulze, Hans K.: Vom Reich der Franken zum Land der Deutschen. Merowinger und Karolinger. Berlin 1987.
– Hegemoniales Kaisertum. Ottonen und Salier. Berlin 1991.
Tellenbach, Gerd: Die westliche Kirche vom 10. bis zum frühen 12. Jahrhundert. Göttingen 1988.
Weinfurter, Stefan: Herrschaft und Reich der Salier. Grundlinien einer Umbruchzeit. Sigmaringen 1991.

Verzeichnis der Abbildungen